YARUJAN BOOKS 08

1万人に聞く!

やるじゃん。

仕事・職場の「みんなはどうしてる?」大会議

THE RIGHT MOVE FOR EVERY SITUATION AT WORK

マイナビ 学生の窓口
フレッシャーズ・著

Discover
ディスカヴァー

（小声）
仕事ってホント
いろんなところで
気をつかっちゃうよね……
先輩に話しかける
タイミングっていつ？
いっしょにご飯
食べるときって
なに話せばいいの？
ていうか、会社って
風邪引いたら休めるの？
ううっ、おいどん、
不安すぎて汗が……
俺たち
先輩軍団に
まかせろ！

なーに、気にするなって!
お前が思ってることは
社会人のだれしもが
経験してることだぜ?
よーし!
今回はこのおいら、
コアラ議長が
先輩たちと一緒に
お前を安心させて
あげちゃうぞ!
Hey!
意外とビジネス書で
教えてくれない、
会社員の「こんなとき
どうしてる?」を
教えてあげよう!

はじめに

会社生活で大切なことは、ビジネス書だけでは身につきません。

プロローグの彼のように、仕事の些細なタイミングで悩んだことって、みなさんありませんか？


「上司からのラインには必ず返事をしなくてはいけないのかな？」

「タクシーの上座・下座って気にしなくちゃいけないのかな？」

「カラオケではなにを歌えばいいのかな？」

「社内恋愛ってアリなのかな？」

「みんなはどうしてるのかな？」

そう思ったことはないでしょうか？

本書ではそんな、普段のビジネス書やマナー本では書かれていない、リアルな社会人の悩みを解決すべく「みんなはどうしてる？」大会議を開き、のべ1万人にアンケートを実施！

先輩社会人が新人のころなにについて悩んだのか、そしてどのように解決したのかが、ひと目で分かる一冊に仕上げました。

また、それぞれの項目には、その問題を体験した社会人のリアルな意見を『やるじゃん。』エピソード」として収録しました。成功や失敗で得た学びを読み、ぜひみなさんも社会人生活の参考にしてみてください！

社会人の行動の正解は一つではありませんが、この本がみなさんにとって、社会人生活で直面しがちな悩みや問題を解決する一助になれば幸いです。

CONTENTS

CHAPTER 2

会社の交流、「みんなはどうしてる？」 072

CHAPTER

3

仕事のトラブル！「みんなはどうしてる？」

CONTENTS

NUMBER 1 → NUMBER 10

CHAPTER 1

日々の業務

みんなはどうしてる?

議題

01

30

仕事のことで 話しかけたい先輩が 忙しそう…… どうすれば!?

Q. 仕事が忙しそうな先輩に
話しかけづらさを感じますか?

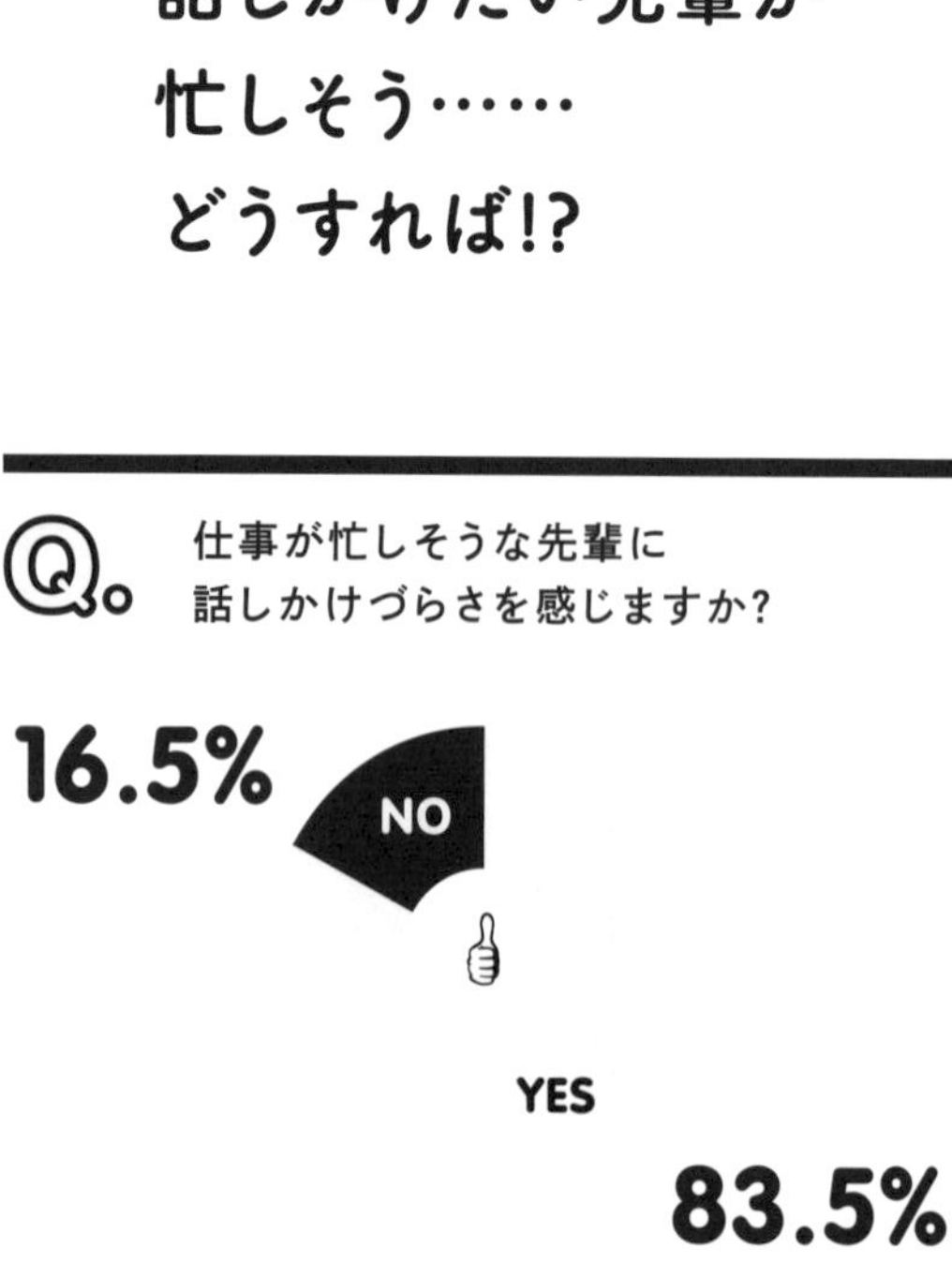

新入社員のうちはわからないことだらけ！

仕事をお願いされたときには「こんなのカンタン！」なんて思っていても、実際に作業を進めていくうちに、どうしても上司・先輩の意見が欲しい部分が出てきちゃいますよね。

でも、いざ質問しようとしたときに先輩が眉間にシワを寄せながらパソコンを睨んでいたら、**「質問したいことがあるんですが」とはなかなか切り出しにくい**もの。

とはいえ、意見を聞かずに独断で仕事を進めてしまうと、ミスが起きたり、先輩の意図とは違った結果になってしまったり……とトラブルになることも！

では、忙しそうな先輩に、その場で話しかけてもいいものなのでしょうか？

社会人の先輩４００人の意見を聞きました！

YES

先輩への気遣いは大切！まずは「お時間よろしいですか」と聞いてみよう

「後で結構ですので、お時間をください」と言うべき。**相手の状況を判断するため**にね
（40歳以上／男性／電機）

「今、お時間よろしいでしょうか？」とか聞いて、**話しかけられるかを見極めるかな**
（40歳以上／女性／不動産）

「お忙しいところすみません」と一言、初めに伝える。先輩に嫌な気持ちをさせないように！
（26歳／女性／アパレル・繊維）

（社会人男女400人調べ）

× NO

忙しそうな先輩は話しかけないのが得策！

よほどの案件じゃなければ話しかけず、**休憩時間や昼休みに話すといいよ**
（40歳以上／男性／警備・メンテナンス）

「後で時間ができたら教えてください」と**メモを残す**のもいいかもね
（24歳／女性／教育／福祉）

メールですむ内容ならメールで！
（28歳／女性／機械・精密機器）

★ 基本的には話しかけてOK！ ただし、用件は簡潔に！

社会人の先輩たちの意見を見ると、基本的にどうしても今聞いておきたい**緊急事項の場合は仕事をさえぎって質問しても問題はない**ようです。

その際には先輩への気遣いを忘れずに！

表情を見て、本当に話しかけてよいかを見極め、「お忙しいところすみません」「お時間よろしいでしょうか」というワンクッションになる一言を添えると、質問された側も「今、忙しいのに！」とは思いません。

ただし、今すぐ質問しなくても問題がない場合は、先輩の仕事が一息つくまで待つというのも手です。

意見にもあるように、「メモを残す」「あらためて時間を取ってもらうようお願いする」などして、先輩が落ち着いたタイミングで質問するのがいいでしょう。

やるじゃん。エピソード
YARUJAN EPISODE

01

聞くときは準備をしっかり！

慌ただしい繁忙期。そんなときに、どうしても緊急で先輩に聞きたいことが！　緊張しながら尋ねてみようと思ったのですが……。

「せ、先輩、ちょっといいですか？」

「手が離せないから後にしてくれ」

「一瞬で終わるので！」

「わかったよ、なに？」

聞くことをあらかじめメモしていたので、忙しいときでも答えてもらえました。本当に忙しそうにしているときは、しっかり**「なにを聞くか」を短くまとめておかないと、相手にムッとされてしまいますよ！**

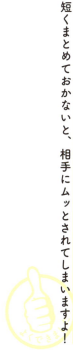

議題

02

30

いきなり会議の司会を任された！

Q. 新入社員のころ、会議の司会を任されたことはありますか?

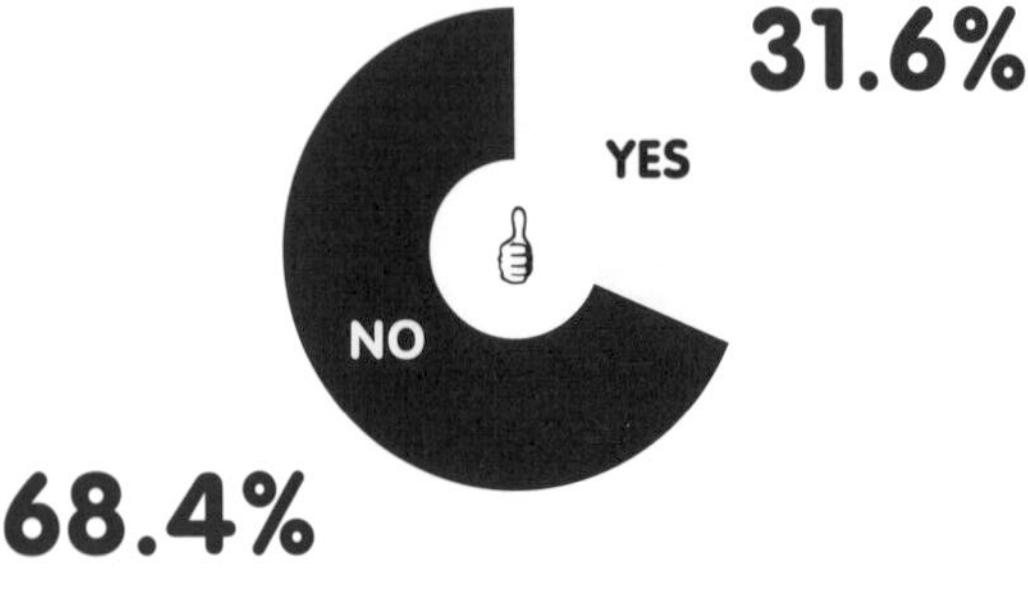

どんな仕事にもつきものなのが会議。

なにか物事を決定するときはもちろん、プロジェクトを組んでチーム単位で仕事をするときなども、状況確認やメンバー同士の意見交換のためにさまざまな場面で会議が行われます。

そんな会議の場ですが、新入社員のうちはただ出席して座っておくだけでいいと思っていませんか？　油断は禁物ですよ！

ときには、**新入社員が会議をリードする進行役をつとめることもあります**。実際、約3割の先輩は新人のころに会議の司会を経験したことがあるようです。

「新人のキミ、○時からの会議の用意しておいて！」

なんて頼まれたら、どんなふるまいをすればいいのでしょうか？

会議の司会進行は自分をアピールすべき？　それとも自分の役割に徹する？

先輩たちに聞いてみましょう！

YES ○

会議をチャンスに自分をアピールする！

議題を理解しておくため、事前に先輩や上司にたくさん質問をする！
（29歳／女性／医療・福祉）

会議は基本方向性が決まっているから、それに沿って**自分の意見をしっかり出していくのが大事**だと思う
（30歳／女性／商社・卸）

時間が許す限り資料を熟読して、**自分なりに考えをまとめておくようにしている**かな。新人でも、アイディアを出してみてと突然話を振られることがあるから
（24歳／男性／運輸・倉庫）

資料に対する想定質問に答えられるよう、あらかじめ回答を準備する。司会をやるなら、会議の議題について一番詳しくなっておいたほうがいいからね
（35歳／女性／金属・鉄鋼・化学）

（社会人男女400人調べ）

× NO

自分を出さず、まずは進行役に徹する！

いざ話してみるとうまくしゃべれないことが多いので、まずは滞りなく話せるように練習
（39 歳／男性／学校・教育関連）

タイムスケジュールを組んで、当日の会議がスムーズに進行できるよう、事前にできる限りの準備をするのが大事です
（39 歳／女性／団体・公益法人・官公庁）

会議の進行をシミュレーションして、流れを把握しておくかな
（37 歳／女性／その他）

出席依頼を出すべき相手、用意すべき資料、資料はいつまでに用意すべきかを上司に確認する。**効率的に会議を進行できるように**
（34 歳／男性／機械・精密機器）

会議は準備が肝心！ わからないことは上司・先輩に聞こう

会議で司会を任された場合のふるまいについて聞いたところ、前ページのような回答が集まりました。

先輩のみなさんは、それぞれのやりかたで会議を進めているようです。

また、会議をやる際には**その場での司会進行だけでなく、事前に準備しておくべきことがたくさんあります**。上司や先輩に話を聞いて、参加するメンバーや用意しておくべき資料などをきちんと確認しておきましょう。

司会に慣れないうちは緊張してしまうものですが、会議の司会を完璧にこなせば、上司や先輩に「こいつ、やるじゃん」なんて評価されること間違いなしです。

会議はチャンスだと思って、積極的に取り組んでみましょう！

やるじゃん。エピソード

02

YARUJAN EPISODE

緊張の初司会だったけど……

「あしたの会議、司会進行よろしくな！」

入社して数ヶ月。人前に出ることが苦手な僕にも、その日は突然やってきました。

話があったのは夕方。つまり数時間で会議の準備をしなくてはならなかったのですが、先輩がたが優しく教えてくれたことで、見事に会議を乗り切りました。今では会議の司会をするのは自分の仕事だ！　という勢いで、率先して引き受けちゃってます。会議はディベートと違って、実は口下手でも準備をすれば楽しくやれるものなんですよ（笑）

最初は大変だな、と思うようなことでも、やってみると案外得意になったりするものなんだな、ということを学びました！

議題

03

30

上司から頼まれた仕事は理由があれば断ってもいい?

Q. 上司から頼まれた仕事は理由があれば断ってもいいと思いますか?

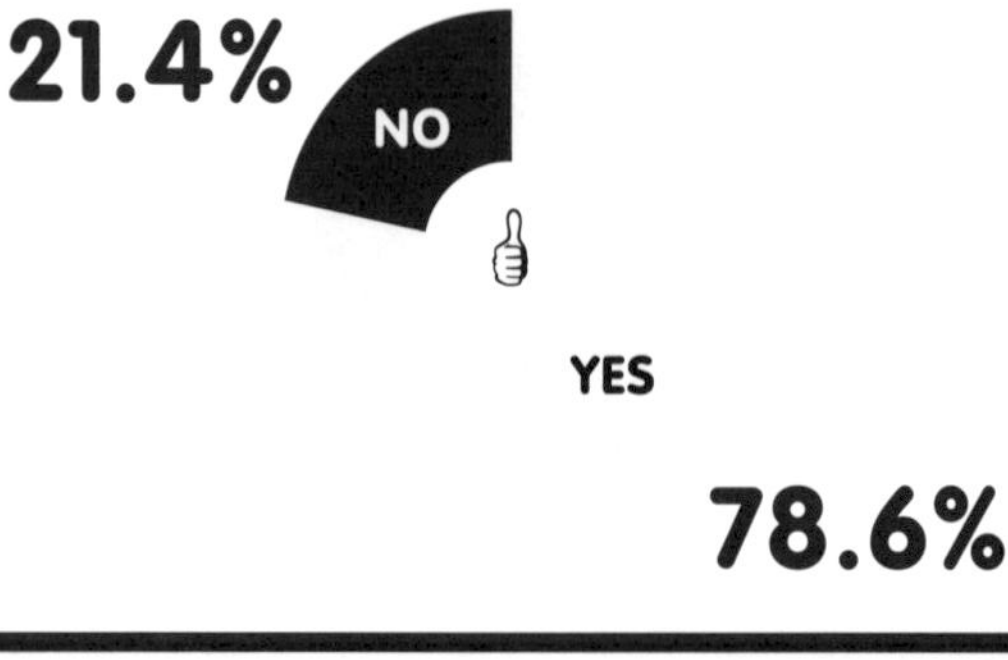

上司から依頼されたことは基本的に引き受けなければいけないのが、サラリーマンというものです。

しかし、特別な理由がある場合はどうでしょうか。たとえば、自分の仕事もありますし、**すべてのお願いを引き受けていたら仕事が回らなくなってしまいます。**

今夜は実家の荷物を受けとらなきゃ……と、退社しようとしたタイミングで、上司から新たな仕事のお願いをされる……なんてこと、ありませんか？
「今日は帰らないとマズいので」と断れるといいのですが、期限が差し迫った仕事だったり、怖～い上司のお願いだったりしたら、引き受けるべきか断ってもいいか迷ってしまいますよね。

仕事を引き受けたい気持ちはヤマヤマではあるけれど、別の事情で断りたい場面に陥ったとき、先輩社会人はどのような対応をしているのでしょうか？

YES ○

無理ならそのことをきちんと伝えたほうがいい

変なミスをするよりは断ったほうがいいと思う
(40歳以上／男性／アパレル・繊維)

自分のするべき仕事に支障をきたしてしまうと本末転倒！
(40歳以上／女性／医療・福祉)

正当で合理的な理由があれば断るべきで、**無理して引き受けると仕事の質に悪影響**だよ
(38歳／男性／金属・鉄鋼・化学)

キャパ以上の仕事を抱えていてミスをされても上司が困るんじゃないかな
(40歳以上／男性／金融・証券)

(社会人男女400人調べ)

× NO

仕事を振られているのには意味がある。視点を変えてその意味を考えてみて

上司の指示は会社の指示。その指示を実行することで給料をもらっているから受けるべき
(40歳以上／男性／自動車関連)

上司はこの仕事は部下の**スキルアップになる**と思って頼んでいることもあるからね
(40歳以上／男性／食品・飲料)

仕事を任せてもらうということ自体が信頼の証!
(36歳／男性／小売店)

キャパオーバーになってしまう可能性があるとき以外は受けるかな
(26歳／女性／医療・福祉)

★ 仕事は基本引き受けるが、他の仕事ができない状態なら相談すべし！

多くの社会人が、**場合によっては断るのもあり**という回答をしていました！

これ以上仕事ができない状況で無理に引き受けると、結局ミスしてしまい、余計に仕事が増えたり、取り返しがつかない結果になったりするかもしれませんからね。

一方で断るべきではないと考えている人のなかには、「仕事を任せてもらうということ自体が信頼の証」という声もありました。せっかく上司が自分を見込んで仕事を依頼してきてくれたのだから、その期待に応えたい気持ちもわかります。

基本的には上司の依頼は引き受けるべきですが、**どうしても無理な場合は、上司にその理由をきちんと伝えて理解をしてもらう**ことが肝心です。

YARUJAN EPISODE

やるじゃん。エピソード

03

中途半端はNG!

「これ今日中にやっといて!」

この一言に何度絶望させられたことでしょう……。

ある日、翌日締め切りの仕事に追われている中で上司にこれを言われたとき、「はい、かしこまりました」と答えたのですが、もちろん本音は、「え、今日中? 俺の状況知ってて、今日中? マジで?」と爆発しそうなくらい。

それでも文句を言わずに受けたつもりだったけど、上司からは「すっごく嫌そうな顔したけど、大丈夫?」と指摘が……。

引き受けるなら嫌な顔せず気持ちよく、断るなら理由を伝えて丁寧に。

まわりの人にネガティブな印象を与えてはいけないと学びました。

議題

04

30

取引先から
ダメなやつと
思われないように
するには？

Q. 新人のころ、取引先へのあいさつで失敗したことはありますか?

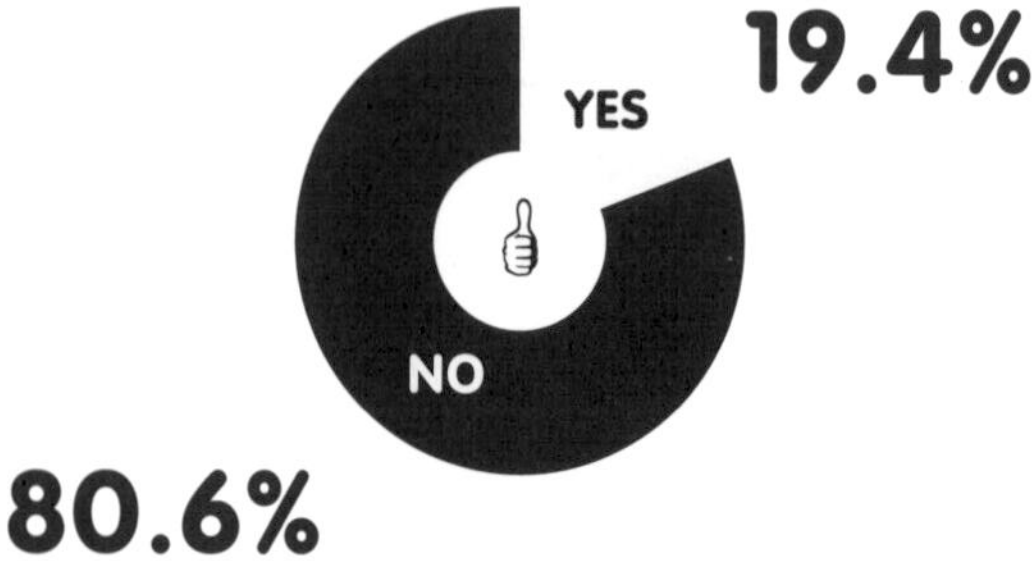

新入社員の時期は、初めての体験ばかり。

会社内のことだけでも大変ですが、職種によってはクライアント企業や協力会社など、社外の人とも交流する機会も多々あります。

新人にとっては、今後に向けて社外の人に顔を覚えてもらうことも大切な仕事の一つ。上司や先輩に同行して、社外へとあいさつ回りへ行ったりすることも多いのでは？

社外の人と会うときは、社内の人以上に緊張してしまうもの。

相手にとっては新人かどうかというのは関係ないので、**「新人だから〜」「ミスしてもかわいい」なんて新人マジックは通用しません。**ましてや取引先の企業だったら、今後も良好な関係を保っていくためには「あ、こいつヘマしそうだな」とは絶対に思われたくないですよね。

マナーが大切？　それとも別の技があるのでしょうか？

取引先にダメな新人と思われないための極意を先輩に聞いてみましょう！

YES ○

社会人として守るべき作法を徹底する

5W1Hを意識して、お客さまに何を伝えるべきか、それだけは最低限把握しておこう。自分一人で判断できなさそうなことは上長に質問しておいたほうがいいよ
（38歳／男性／情報・IT）

返事をきちんとすること。あと、あいさつでも謝罪でも何でも、**お辞儀の角度に気をつける**ことが好印象を与えるポイント
（28歳／女性／アパレル・繊維）

服装などの身なりを清潔にし、**面会時間の5分前に必ず訪問すること。**早過ぎもNGだから注意！
（40歳以上／男性／情報・IT）

名刺交換では自分の上司よりも先にしないこと。また、会議ではハッキリと答えて、わからないことは会社に持ち帰ってちゃんと確認しよう！
（34歳／男性／機械・精密機器）

（社会人男女400人調べ）

× NO

細かい作法よりも、良い印象を与えるような立ち居振る舞いが大切

とにかく**明るく笑顔であいさつ**することが一番だ！
（40歳以上／男性／建設・土木）

自分の発言に自信を持って、**普段よりも少し大きな声**で明るくハキハキと話すことを意識してみよう！
（26歳／女性／ホテル・旅行・アミューズメント）

緊張してビビりすぎないで、**堂々とした態度**で丁寧に接するべし！
（24歳／女性／学校・教育関連）

ハキハキと発言することは、第一印象をよくすることにつながるよ
（36歳／男性／運輸・倉庫）

★ 礼儀やマナーの遵守は必要なものの、気にしすぎておどおどしないのが大切！

初対面の印象は、その後の仕事関係に大きな影響を与えることが多いです。

会社に入って間もない頃は、社会人としての礼儀や細かなマナーなどを覚えきっておらず、ついあたふたしてしまうこともあるでしょう。もちろん、「ダメな新人」と思われないようにするには、基本的なマナーは把握しておくべきです。

基本のビジネスマナーよりも大切なのが、大きな声でハキハキとしゃべる、お辞儀を丁寧にする、といった立ち振る舞い方。

マナーを少し外しても大目に見てもらえる可能性はありますが、態度の悪さは絶対に目についてしまいます。

正しいマナーを守ろうとする姿勢や素直な態度、さわやかで心地のいい振る舞い。

結局はこういった好印象を与える新人らしさが一番大切なのです。

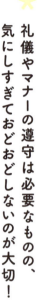

やるじゃん。エピソード

YARUJAN EPISODE

04

失敗はバネにもなる！

取引先での苦い経験といえば、私は初めての営業で緊張しすぎたのか、「弊社は○○でございます」と言いたいところを「拙者は○○でござる」と謎の侍言葉で喋ってしまったことがあります。

「これはまずい」と先輩がフォローしてくれましたが、契約は取ることができず、「これからがんばってね」と苦笑いで言われちゃいました……。

それからというもの、マナーとあいさつの基本を徹底。

仕事にも少し自信が持てるようになり、取れる契約が増えてきました。

緊張は誰でもするものです。

社外で話す数をこなして慣れていくことが大切なのかもしれませんね。

議題

05

30

上司のミスを見つけてしまった！

Q. 上司の仕事のミスを発見したとき、指摘してもいいと思いますか？

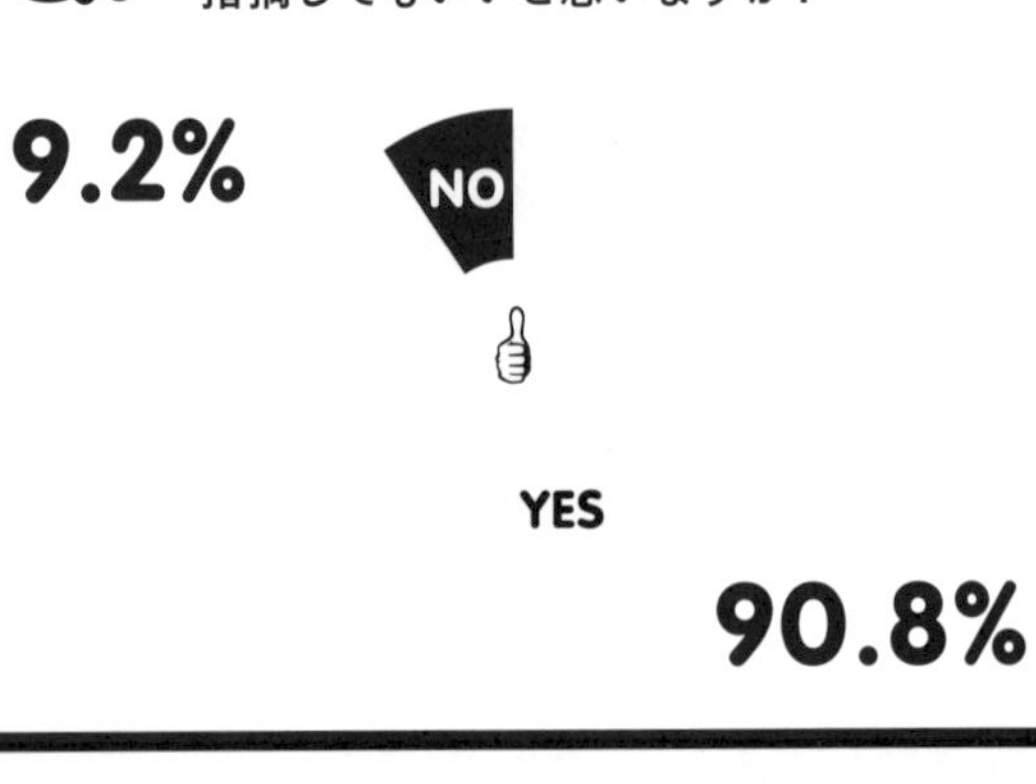

仕事で同僚のミスを発見したら、もちろんあなたは影響を最小限に食い止めるために、すぐに指摘をするでしょう。

しかし、ミスをしたのが上司だった場合はどうでしょうか？

社会人にとって、上司との関係はとても大切なもの。良好な関係を保つために、上司を立てなければいけない場面もありますよね。

そのため、上司のミスを発見しても、

「部下の自分がミスを指摘するなんて、おこがましいんじゃない？」

「ミスを指摘したことで、逆に上司に怒られるんじゃないか……怖い！」

と、不安になってしまう人もいるかもしれません。

みなさんはどうしているのでしょうか？　そこで、今回は「上司のミスを発見したとき指摘するかどうか」について聞いてみました！

YES ○

誰であろうと関係なし！ 上司のミスでもちゃんと指摘する！

上司であろうと同僚であろうと部下であろうと、ミスはミス。自分のミスを自覚しないとまた同じミスを繰り返すことになるから
（40歳以上／男性／自動車関連）

ミスを指摘するのは当たり前
（40歳以上／女性／学校・教育関連）

上司だって人間。間違いだとわかっていて指摘しないのは、**今後、信用してもらえなくなる**
（40歳以上／女性／情報・IT）

間違っていることは直球で伝えるのではなく、「これ少し違うような……」と、**やんわり伝えるようにしている**
（31歳／女性／情報・IT）

（社会人男女400人調べ）

× NO

触らぬ神に祟りなし？
上司のミスは指摘したくない

上司を立てて、いい関係を続けたい。さりげなくフォローしたい
（25歳／女性／医療・福祉）

指摘せずにしれっと修正しておく。**普段、自分もミスをカバーしてもらっているはずだから、お互いさま**
（36歳／男性／小売店）

自分で修正できそうなものは**気づかなかったふりをして直す**
（39歳以上／女性／小売店）

チームでミスをカバーすればいいいので、特別に言う必要はないと思う
（40歳以上／男性／情報・IT）

V

上司のミスは、「伝え方」に注意して対応しよう！

アンケートの結果、ほとんどの人が「指摘していいと思う」と回答しました。
「今後間違いをなくしていくためにも、ミスはしっかり指摘したほうがいい！」という意見が大半なようです。

一方で、回答者の中には、ミスを指摘したことで上司との関係が悪くなってしまうのではないか、と不安に思っている人もいました。

安心してください！　上司だろうが、ミスはミスなのです！

上司の心証が悪くなることよりも、流れ流れて取引先に迷惑がかかってしまうことを考えると、指摘はしっかりとしなくてはいけません。

ただし、指摘の際には**伝え方に気をつけたり、さりげなくフォローしたりと、上司の心証を悪くしない工夫も必要**です。

YARUJAN EPISODE

やるじゃん。エピソード

05

勇気を出して言ってみて！

ある日、翌日の会議に向けての資料を終電間際まで準備していると、上司がつくった資料に大きなミスを見つけてしまいました！

一瞬、終電間際ということもあって連絡を悩みましたが、「明日の会議で上司が恥をかいてしまうほうがまずい」と考えて電話をすると、タクシーで会社に駆けつけてくれました。

おかげでちょっとすごい時間まで残業しちゃいましたが、上司にとても感謝され、今では大切な会議には必ず助手として呼ばれるようになりました。

上司も人間なので、ミスだってあります。**勇気を出して、思い切って言ってみるのも一つ、自分が成長するチャンスになるかもしれませんね。**

議題

06

30

ものすごい
アイデアが浮かんだ！
先輩に伝えるべき？

Q. 仕事でいいアイデアが浮かんだら、先輩や上司に伝えますか?

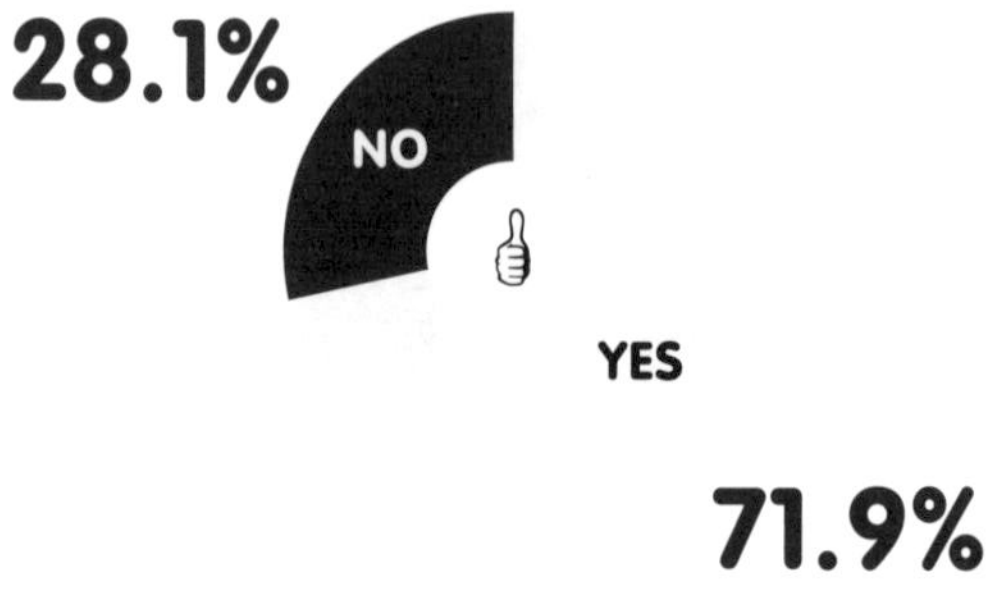

新しい部署に配属されて、数ヶ月経ったある日。

あなたの脳裏に「これだ！」と思えるアイデアのひらめきが！

「これは神のお告げかもしれない！」と思えるような名案を思いついたなら上司に伝えたいし、もしかしたら「それいいね！　でかしたぞ！」なんて褒められ、採用されることになるかもしれません。

でも、軽い気持ちで上司に相談して「そんなバカげた提案するな！　真面目に働いてるのか！」なんて怒られたら、と思うとなかなか言いだせないものです。


新人の自分でも、思いついたアイデアって伝えるべき？

もし伝えるとしたら、どのような方法がいいの？


先輩方に、「アイデアが思いついたときにその場で伝えてしまうかどうか」について聞いてみました。

YES ○

上司に相談する!

わかりやすく言葉でまとめてみて、**「〜このように考えたのですが、どう思いますか?」**と意見を求めてみるといいかも
(31歳/女性/小売店)

ナイスアイデアを思いついたら、焦って発言するのではなく、しっかりと**自分の中で論理的に整理してから**発言したほうがいいね
(34歳/男性/機会・精密機械)

絵や図は視覚的に物事が入りやすいから、文章じゃなくて絵や図を用いて伝えると、内容がぼやけずにきちんと伝わるよ!
(40歳以上/男性/情報・IT)

資料を作成し事前に目を通してもらえるようお願いし、**プレゼンを聞いてもらう時間を作ってもらおう**
(37歳/女性/金融・証券)

S

(社会人男女400人調べ)

× NO

将来のために蓄えておく

その場の思いつきは後になってミスや粗が見つかることも多いから注意！
(40歳以上／男性／団体・公益法人・官公庁)

立場的に**出すぎたことは言うべきじゃない場合もあるから**、新人のうちはそんなになんでもかんでも意見しないほうがいいかも……
(26歳／男性／商社・卸)

社内で企画会議など、意見を発表する場が設けられているから、そういう機会に日ごろ思いついたアイデアをまとめて報告しているかな
(36歳／女性／その他)

考えがまとまっていないのに話してしまうと、上司も混乱しちゃうし、自分もうまく伝えられないよ
(28歳／男性／ソフトウェア)

＊準備をしてから上司・先輩に相談しよう！

仕事中や会議中に思い浮かんだアイデアを、新人だからと遠慮して伝えないのはとてももったいないことです。

ただ、やはり伝え方は肝心！「自分がまだ話せるレベルになっていない」と思うのであれば、その場ですぐ伝えずとも、じっくり準備して発言できるようになるまで蓄えておく、というのも手です。準備ができていれば、きっと上司や先輩も、あなたの熱意ある意見に耳を傾けてくれるでしょう。

当たり前のことですが、資料作成に時間をかけすぎて通常の業務が疎かになっていては本末転倒。

通常業務ともバランスを取りながら、新しいことに挑戦してみてください！

やるじゃん。エピソード 06

YARUJAN EPISODE

新人の意見は貴重!?

自分の意見が正しいのか間違っているのかもわからない入社一年目。会議で発言を求められても、なかなか意見が出せないですよね。あるときの会議でも、「君はどう思う?」と聞かれて当たり障りのない意見を言い、その場をしのいでいると、当時の課長が、「**新しい意見が言えるだけ、新人は貴重なんだよ**」と言ってくださいました。

きちんと発言ができるようになった今になってわかることは、社内の会議は新しい意見がなかなか出にくいということ。だからこそ、新人の「新しい意見」が意外とありがたかったりするものなのです。

間違っていようが、積極的に発言してみたほうが評価されますよ。

議題

07

30

わからないことは自分で考えるべき？

Q. 仕事でわからないことは
すぐに質問するべきだと思いますか？

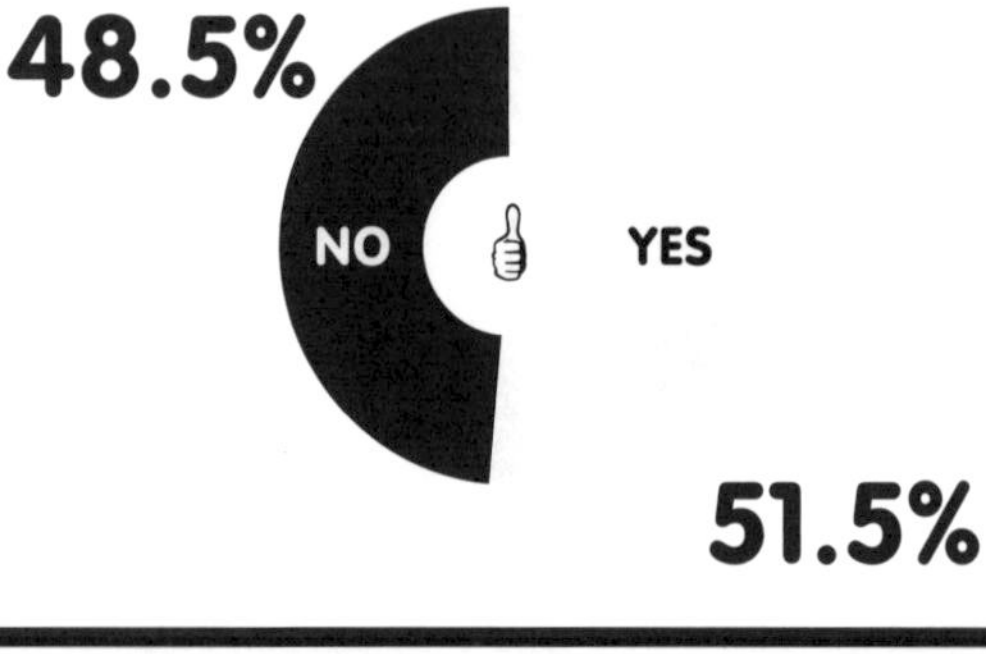

社会人、特に新人の場合は、仕事上でわからないことや確認したいことがたくさん出てきます。すぐに上司に確認したい！　と思っても、**質問していいことなのかどうか、判断するのはけっこう難しい**ですよね。

初めから何でも質問してしまうと、
「少しは自分で考えろ！」と言われてしまうかもしれませんし、
かといって自分で考えて行動すると、
「勝手に行動するな！」と逆に怒られてしまうことも考えられます。

質問ひとつとっても、悩まなければならないのは社会人のツラいところ。
そこで今回は、社会人のみなさんに「わからないことがあったとき、すぐに上司に聞いていいかどうか」を聞いてみました！

YES ○

悩んでいる時間がもったいない！ わからないことはすぐ聞くべし

聞かずにただ困っているだけでは成長できないよ！
（32歳／女性／学校・教育関連）

自分で考えて学ぶことも大事だけど、人に教えを請うことも大事！
（40歳以上／男性／自動車関連）

会社のやり方や過去の事例もあるので、**自己判断のみに頼らず、上司の指示を受けたほうがいいと思う**
（40歳以上／女性／その他）

（社会人男女400人調べ）

✕ NO

「教えて君」はNG!
まずは自分で解決策を探そう

自分で考えて仕事をしないと、仕事に慣れないよ
(29歳/女性/情報・IT)

自分で考えるクセをつけよう! **指示がないと動けない人になっちゃうよ!**
(32歳/女性/団体・公益法人・官公庁)

今までのデータを確認して、**それでもわからなかったら聞くのがいいよ**
(40歳以上/女性/情報・IT)

ある程度自分で解決しないと**人の足を引っ張ることに!**
(37歳/女性/金融・証券)

＊仕事でわからないことがあったときは一度、自分で考えて！

僅差で「すぐに質問するべき」と回答した人が多いという結果になりました。

成長するためには、一人で悩んで時間を浪費したり、闇雲に行動したりするのではなく、先輩に教えを請うことが大切、という主張が目立ちました。

「自分で考えるべき」と回答した人も、一度みずから考えてみるべきだけど、それでもわからないことは先輩や上司に聞くべきだ、と考えているようです。

わからないことがあったら、その問題が自分で解決できるものなのかどうかをまず考えてみてから、行動を起こしてみましょう！

やるじゃん。エピソード

07

よく聞く社員はいいけれど……

先輩に質問するのもちょっと勇気がいる新人時代。

恐る恐る聞くと、たいていの場合あっさり答えてくれて、「もっと早く聞いておけばよかった！」なんて、当時は思ってましたね。

そのうち気軽に質問できるようになったのですが、

「先輩、シャツとパンツの組み合わせはこれでいいですか？」

「朝はパンとご飯どっちがいいと思いますか？」

なんて質問までしていたら、「俺はお前の母親か！」なんて怒られちゃいました……。


先輩とコミュニケーションできるのはいいことですが、やり過ぎには注意を（笑）

議題

08

30

帰宅時間。
先輩より先に
帰っていい？

Q. 仕事が終わったら、先輩より先に帰ってもいいと思いますか？

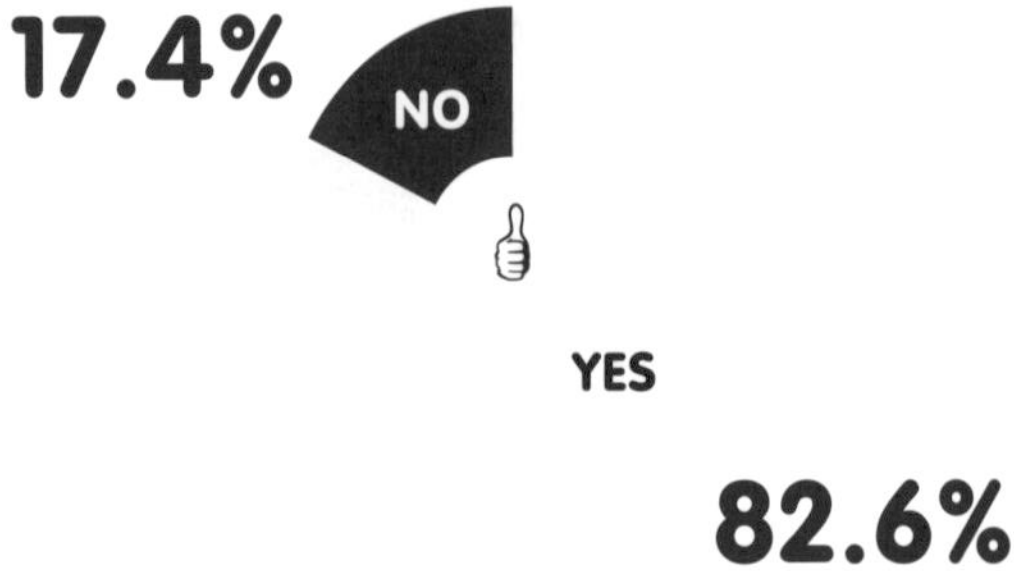

定時を過ぎたし、仕事がひと段落したら帰宅！
……といきたくても、なかなかそうはいきません。

自分の仕事が終わっても、先輩が残っていたらちょっと帰りにくいですよね。会社によっては後輩が先輩よりも先に帰るなんてありえない！　という雰囲気の職場もあると思います。

ただ、誰かが先に帰らないと帰れない職場って、なかなかつらいですよね。

その日中に片づけなければいけない仕事があるわけでもないのに、ダラダラ残業することに疑問を持つ人もいるでしょう。

もしかしたら、帰りたいのに帰れない……と誰もが同じことを考えているのかもしれません。

いっそ上司に「帰っていいよ」と言われたら楽なのに！　というこの状況。

先輩がたはどのようにして切り抜けているのでしょうか？

YES

仕事が終わったら先輩がいても帰るべき！

残業が続くと疲れてきて、**かえって効率が悪くなっちゃうよ！**
(40歳以上／女性／機械・精密機器)

手伝えない作業もあるし、**会社としても無駄な残業代が発生する**だけだよ
(40歳以上／男性／情報・IT)

さっさと帰って、**次の日に備えるべきじゃない？**
(40歳以上／女性／情報・IT)

かえって**先輩に気を遣わせちゃう**し、カラ残業と取られちゃうかも！
(32歳／女性／団体・公益法人・官公庁)

(社会人男女400人調べ)

✕ NO

先輩が残っていたら、やっぱり帰りにくい

早く帰ったら、意地悪な先輩が私の悪口を堂々と言っていたことがあったよ……
(32歳／女性／医療・福祉)

先輩の手伝いをすると仕事が覚えられるし、人間関係も良くなるよ！
(40歳以上／女性／学校・教育関連)

先輩を見送り、最後まで残って始末をするのも後輩の仕事かもね
(40歳以上／男性／自動車関連)

★「会社のために残るべきか」を考えよう！

アンケートでは、多くの人が「先に帰ってもいい」と回答していました。

先輩につきあっての残業は、自分だけではなく先輩や会社のためにもならないと考えている人が多いようです。

「先に帰ってもいい」「残ったほうがいい」それぞれの回答に共通して見られたのが、無駄な残業はよくないが、手伝える仕事がないか確認することは大切、という意見。帰ってもいいからといって、先に帰る際のフォローは欠かしてはならない、ということですね。

先輩が残っているから残るのではなく、**すぐに帰宅するのと、残って先輩の仕事を手伝うのと、どっちが自分や先輩、そして会社のためになるか**を判断しましょう。

YARUJAN EPISODE

やるじゃん。エピソード 08

「帰ります」と言える人になろう

「お先に失礼します」

この一言がいえず、ダラダラ会社に残っていたことがありました。

あまりに暇なので、「何か手伝うことありますか?」と先輩に聞いたところ、「じゃあ……この100人分のアンケートの整理、頼むわ」との一言。

結局終電まで残ってその仕事を片づけた僕ですが、実はその仕事、別にその日中にやらなくてもいい仕事だったそうで「えーっ、帰ってもよかったのに!」と笑われてしまいました。

それ以降、**残れるときは残って、帰れるときは「今日は帰ります」とちゃんと断って帰ること**にしています(笑)

議題

09

30

何曜日が 一番憂鬱？

Q. 社会人生活を送る上で、月曜日が憂鬱になったことがありますか?

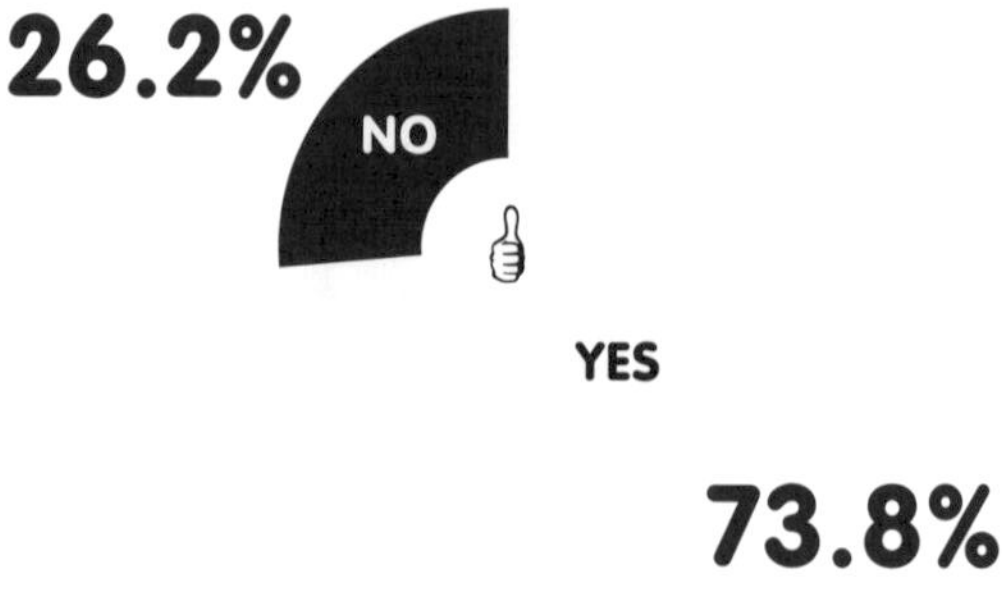

社会人になると、お休みの日が本当に待ち遠しくなりますよね。

みなさんも、休日前はウキウキで仕事に臨んでいるのではないでしょうか。

ではその反対、一週間の始まりはどうでしょう。明日から仕事が始まる、と思うと憂鬱で、くらーい気持ちになってしまう人も多いのではないかと思います。

「会社なんか行きたくない……」

「週休5日制だったらいいのに……」

なんてことをつぶやきながら、朝の布団からなかなか出られない、なんてことはよくあることです。

しかし、そんな**先輩社員の中には、憂鬱な曜日を自分で編み出した方法で回避している強者もいる**ようです。

みなさんは憂鬱な日を乗り越えられますか？　早速、大会議を覗いてみましょう！

YES

憂鬱な日は乗り切れる！

仕事の中での楽しみを作っておけば、仕事に行く原動力になったり、仕事の合間の気分転換になるよ
（34歳／女性／その他）

休みの日もほぼいつもと同じ時間に起きる。そして、できるだけ仕事のことを考えないようにして体を動かすこと！
（40歳以上／女性／団体・公益法人・官公庁）

仕事後も憂鬱な月曜日は、あえて**手抜きをしてお弁当か出前でのんびりする**のが一番！
（40歳以上／女性／金融・証券）

サザエさんを見終わったあたりから明日の仕事のことを考え始めて、成功イメージを作っておくのがおすすめ
（40歳以上／男性／金融・証券）

（社会人男女400人調べ）

✕ NO

もう休み終わり?!
週末は憂鬱になってしまう……

月曜日は本当にイヤ。せっかく土日は職場のムカつく人と離れて穏やかに過ごしてたのに、また顔を合わせることになるから
(40歳以上/女性/医療・福祉)

月曜日が憂鬱。身体もこころもお休みモードのままだから、なかなか仕事になじめない……
(40歳以上/女性/電機)

休日でやっと睡眠不足を取り戻せたのに、また月曜日からストレスフルな日々が始まると思うとほんとに暗くなる
(40歳以上/女性/学校・医療・福祉)

★ 憂鬱すぎる日は自分流の気分転換で乗り切ろう！

憂鬱になりがちな日を乗り切るためには、手抜きをする、あえて楽しみを見つけてみる、イメトレする……などなどいろんなアプローチの方法があるみたいですね。

仕事がいやだったり、会社の人と顔を合わせたくなかったり憂鬱になってしまう理由はいろいろあると思いますが、**その理由に合った気分転換の方法を見つけることが、憂鬱な日を乗り切るヒント**だといえるでしょう。

「明日なんて来なければいいのに……」

よくそんなふうに思ってしまうという社会人のみなさんは、先輩方のユニークな対処方法を試してみてください。

やるじゃん。エピソード

YARUJAN EPISODE

09

先輩会社員のエピソードを紹介！

憂鬱な曜日の代表格ともいえる月曜日。これを楽に乗り切る方法として**「自分的ノー残業デー」という制度を採用するのがおすすめ**です！

ルールはカンタン。自分の中で月曜日を「自分的ノー残業デー」と定めて、なるべく残業をしないで帰るようにするのです。

こうしてあらかじめ早めに帰ると決めておくと、休日明けの月曜日もそこまで憂鬱にはならず、すっきりした気持ちで出社できます。

もちろん仕事の状況によりますので、月曜日から残業をするときもあるのですが、早く帰ろうとする意識で仕事にもやる気が湧きます。

憂鬱な曜日がある人は、ぜひ試してみてください！

議題

10

30

タクシーの
上座・下座って
気にしてる?

Q。上司や先輩とタクシーに乗るとき、
上座・下座を気にしていますか?

49.8%

50.2%

社会人になると、挨拶や電話対応、名刺交換などあらゆることに関するマナーやルールを知ることになります。新人の方の中には、覚えなければいけないマナーが多すぎてびっくりした人もいるかもしれません。

タクシーでの座り方もそのひとつ。

社会人になって初めて、「上座」「下座」というワードを聞いたという人もいるでしょうが、タクシーでどこに座るかにも、なんとマナーがあるのです。

「タクシーなんてどこに座ったって一緒じゃん!!」と思ってしまう人もいるかもしれませんが、人によっては気にする人もいるんです……。

このように、「ルールが人によって違う」ことが多いのも社会人マナーの悩みのタネ。

そこで今回は、先輩方にタクシーに乗るときの上座・下座を気にするかどうか、そして気をつけているマナーについて聞いてみました!

YES

知らない人は社会人失格?!
上座・下座に気をつけるのは最低限のマナー

タクシーの上座・下座は常に意識してる。あと、タクシーに乗るときには、**小銭を用意しておくといいよ。**あと目的地を正確に伝えるのも新人の役目！
(40歳以上／男性／情報・IT)

上座とか下座とか、個人的にはどうでもいいけど、**気にする上司がいるから仕方ない。**会話の内容もけっこう気を遣う
(40歳以上／男性／情報・IT)

タクシーの座り方に気をつけるのは、最低限のビジネスマナー！ あと、**タクシー内で無言にならないようにする**のもマナーの１つかな
(38歳以上／男性／運輸・倉庫)

仕事では上の人を立てるのが常識！ 降りるときには、経費で精算するときのために領収書を必ずもらうのも忘れずに
(40歳以上／女性／電機)

(社会人男女400人調べ)

× NO

ぶっちゃけ、どうでもよくない？
上座・下座は気にする必要なし！

タクシーの乗る順番を気にする上司はまわりにいないし、とにかくさっさと乗るべきだと思う。でもお金を払ってもらったときはお礼を忘れないように！
(33歳／女性／医療・福祉)

上座・下座はそこまでこだわらない。変に気を遣ってるな、と見透かされても気まずいし
(40歳以上／男性／自動車関連)

上司との関係がフラットだから全然気にしない。でも、**行き先までの到着時間とかは確認しておいたほうがいいかも**
(40歳以上／男性／金融・証券)

上座とか下座とかじゃなくて、**降りる順番を考えて乗るほうが効率いいと思う。**支払いのときだけ、スマートにできるように気をつけてるよ
(40歳以上／女性／その他)

★「気にしすぎず、気にすること」が大事！

「タクシーの上座・下座は気にして当たり前！　最低限のマナーでしょ」という人もいれば、「タクシーの乗る順番なんて気にする上司、いないよ」という人まで、意見が真っ二つに分かれました。

社風や一緒にタクシーに乗る上司の性格によって、けっこう認識が違うようですね。

タクシーといえば乗る順番を気にしがちですが、支払いや車内での会話などに気をつけるのもマナーだ、という意見もたくさんあげられました。

マナーに気をつけることもいいことですが、**必要以上に気にしすぎて変な空気にしてしまうのもよくありません。**どれくらいマナーを守ればいいのか、というのを判断するのも後輩に求められることといえるでしょう。

やるじゃん。エピソード 10

YARUJAN EPISODE

新人の正解は一択！

社会人になったら、なんでも上座下座、上座下座……。飲み会の席だけかと思ったら、タクシーやエレベーターまである始末。正直どっちでもいいだろと思いつつも、一応社会人のマナーなので覚えておく必要があるのです。

正解はこちら！

- **上座　運転席の真後ろ**
- **下座　助手席**

だんだん年を重ねるごとに立場はややこしくなりますが、新人だったらとにかく助手席に乗っておけば大丈夫！

CONTENTS

NUMBER 11 → NUMBER 20

CHAPTER 2

会社の交流

みんなはどうしてる?

議題

11

30

上司や先輩との飲み会でのコミュニケーション、どうしてる？

Q. 飲み会で上司・先輩とのコミュニケーションに悩んだことはありますか？

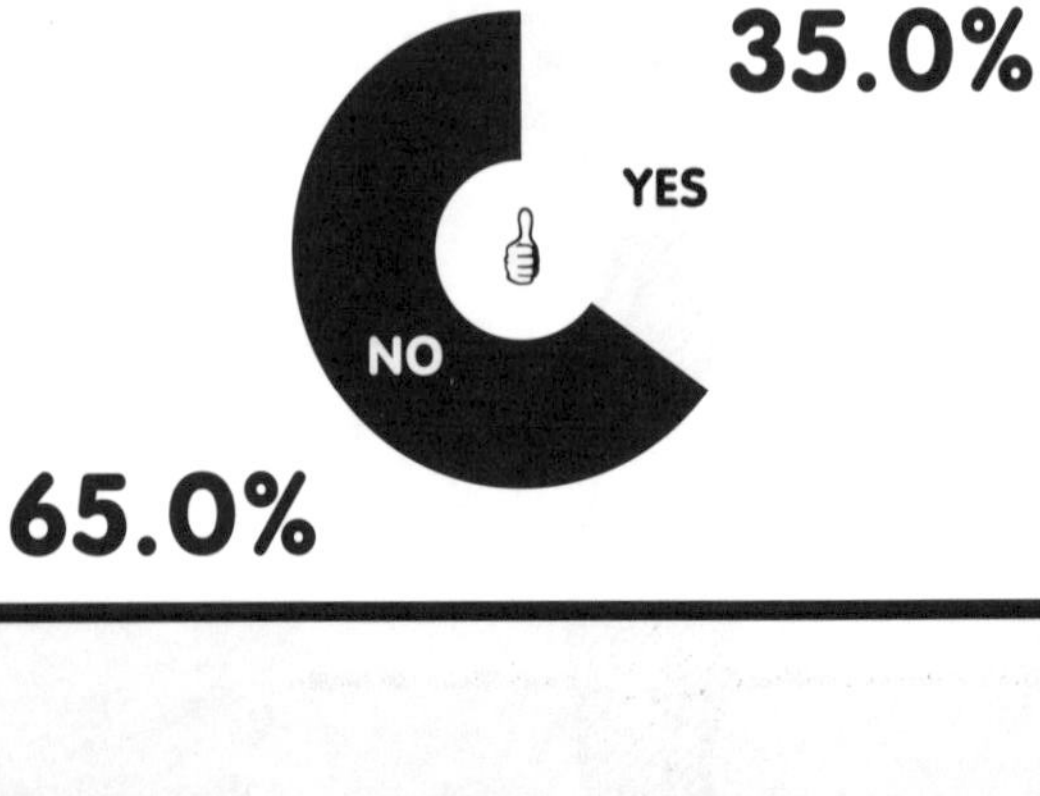

「○○くん！　今日仕事終わったら一杯行こうよ！」

上司や先輩から来る突然の飲みの誘い。ぶっちゃけ、部長は飲み会になると、いっつも「俺も若いときはな……」って昔の自慢ばっかり……。

その武勇伝、前にも聞いたわ！

……という感じで、対応に困った経験はありませんか？

そんな気持ちをかかえて飲み会に参加する人、実は少なくないんです！

でも、**慣れている先輩たちはいいタイミングで上司に話を振ったり、時には自分の意見を言ったり、うまくコミュニケーションをとっている**んですよね。

そこで今回は、「飲み会で上司の聞き役になるか、盛り上げ役になるか」について、大調査をしました！

YES ○

まずは聞き役に徹して。自分から話をするときは無理のない話題を

とりあえず「ごはんおいしいですね」とか、**たわいもない話をすれば大丈夫だよ**
（24歳以上／男性／運輸・倉庫）

仕事の悩みを相談するのがいいね。ある程度たったら、プライベートな話をするとうまくいくことが多かったから実践してみて
（39歳／男性／団体・公益法人・官公庁）

上司が聞かれてうれしいことを調べておいて、そのことを聞き出してみると、盛り上がるんだよね
（40歳以上／女性／医療・福祉）

基本的には聞き役に徹するね。上司がしゃべっている話で、どこを掘り下げてほしがっているかを察知しよう！
（34歳／男性／機械・精密機器）

（社会人男女400人調べ）

× NO

積極的に上司・先輩のところに行って場を盛り上げる！

まずは積極的にお酒を注ぎに行くこと。そうすれば先輩と話すきっかけがつかめるから
(36歳／女性／金属・鉄鋼・化学)

とにかく元気に話す！ あとは自分の失敗談などを話して、しゃべりやすい奴だなと思ってもらったほうがやりやすいよ
(32歳／女性／その他)

さりげなく料理をよそったり、飲み物を気遣ったりしてそのときに話しかければいいよ。そうすれば、会話が自然とできるようになるはずだから
(25歳／女性／医療・福祉)

盛り上げ役は大事だよ！　けど、ハメを外しすぎずに礼儀をきちんとすることは最低限守ろう
(31歳／女性／生保・損保)

上司とはいえ、人対人。会話を楽しむ気持ちが大事

冒頭のアンケートでは、社会人の先輩の35％が新人の頃、上司との飲み会でのコミュニケーションに悩んだことがあると回答していました。

今、目の前にしている上司や先輩も、もしかしたら新人の頃は同じように、何を話せばいいのか、どんな対応をすればいいのか悩んでいたのかもしれません。

相手が上司とはいえ、人と人の会話であることには変わりありません！

お酒の場だからと無理に距離を縮めようとしたり、逆に変に気を張りすぎたりせず、最低限のマナーと会話を楽しむ気持ちさえあれば問題ないでしょう。

YARUJAN EPISODE

やるじゃん。エピソード

11

先輩会社員のエピソードを紹介！

僕も新人時代は、どうも飲み会の気づかいが苦手でした。上司や先輩のグラスが空いたから注いだり、サラダを取り分けたりと、なかなか積極的にできなかったんです。

そんな僕にも最近、後輩ができました。

そこでお酒を注がれているうちに、ある衝撃的な事実に気づいたのです。じつは気が利く人って、先輩や上司とコミュニケーションを取る機会が多いから、早く打ち解けられているんですよね。

「気をつかう」というと、なんだか難しそうですが、**「仲良くなれる」と考えると、飲み会でもうまくコミュニケーションが取れるかも**しれません。

議題

12

30

上司からの
SNSの友達申請、
OKしてる?

Q. 上司からのSNSの友達申請は拒否してもいいと思いますか?

18.7%

YES

81.3%

「お、フェイスブックに友達申請が来てる！」

誰だろうと期待して見てみると、そこには会社の上司の名前が……。

「やばい！　フェイスブックはかなりはっちゃけた写真をアップしてるから、会社の人には見られたくないんだよな……」

こんなとき、みなさんならどうしますか？

上司からの申請って**断りづらいものですが、だからといってプライベートまでつながりたくはない**人もいますよね。

見なかったことにして、指摘されたら「あ、気づきませんでした！」なんてとぼけるのはあり？　もしくは、正面から堂々と「拒否」って押しちゃう？　それとも、見られても恥ずかしくない真面目な内容だけを投稿する？

ＳＮＳに関するこんな悩みに、みんなはどう対応しているのでしょうか。

YES

上司といえどもプライベートは別！嫌なら拒否してもOK！

したくないものは、はっきり言い切る！
（40歳以上／男性／運輸・倉庫）

プライベートと上司部下関係は別物
（40歳以上／男性／団体・公益法人・官公庁）

プライベートでまで会社のつき合いをしたくないな…
（29歳／女性／その他）

仕事とプライベートは別のほうが、割り切れていいと思う
（40歳以上／男性／電力・ガス・石油）

（社会人男女400人調べ）

× NO

日々の仕事のことを考えると やっぱり拒否は難しい……

申請されたとき何となく気を使ってしまって拒否できなかった…
(40歳以上／男性／通信関連)

仕事面での影響を考えると、なかなか拒否しづらいよね
(40歳以上／男性／運輸・倉庫)

人間関係が悪くなり、会社に行きづらくなるからなあ……
(40歳以上／男性／金融・証券)

いっそ仲良くなればいいんじゃない？
(40歳以上／女性／食品・飲料)

プライベートと仕事は分ける傾向!?
嫌なら拒否派が多数！

意外や意外、社会人の8割以上が上司からの友達申請を拒否してもいいと回答。さすが歴戦の社会人の先輩がた、みなさんメンタルが強いですね。

もちろん中には、「プライベートとはいえ、上司からの申請を断ると失礼にあたる」と考えている人もいます。不安だったら、速やかに承認するのが無難でしょう。ただ、ＳＮＳでつながっているのに上司の愚痴をつぶやく、なんてことにはならないよう注意です！

ＳＮＳに対する**スタンスは、場合によっては人間関係に響きます**。先輩がたの意見を参考にして、間違いが起こらないようしっかりと対処していきましょう！

YARUJAN EPISODE

やるじゃん。エピソード 12

SNSで心配されてしまうことも？

プライベートが丸裸になっているSNSアカウントだと、たしかに上司とつながるのはつらいですよね。

僕は、アカウントは持っているもののまったく更新をしていない「ゴーストユーザー」なので、上司から友達申請が来ようが気にせず承認しています。

そんなある日、フェイスブックでつながっている上司から、「お前まったく更新してないけど、休みに何もしていないのか？」と、まさかの心配をされてしまいました。

更新しないだけでそんなイメージを持たれてしまうとは……。

SNSのつながりは、良くも悪くも何かしらのイメージを与えるんですね。

心配されるのはともかく、発言する際はよりご注意を！

議題

13

30

休日に道で
ばったり会社の人に
遭遇した!

Q. 休日に道でばったり会社の人に遭遇したら、話しかけますか?

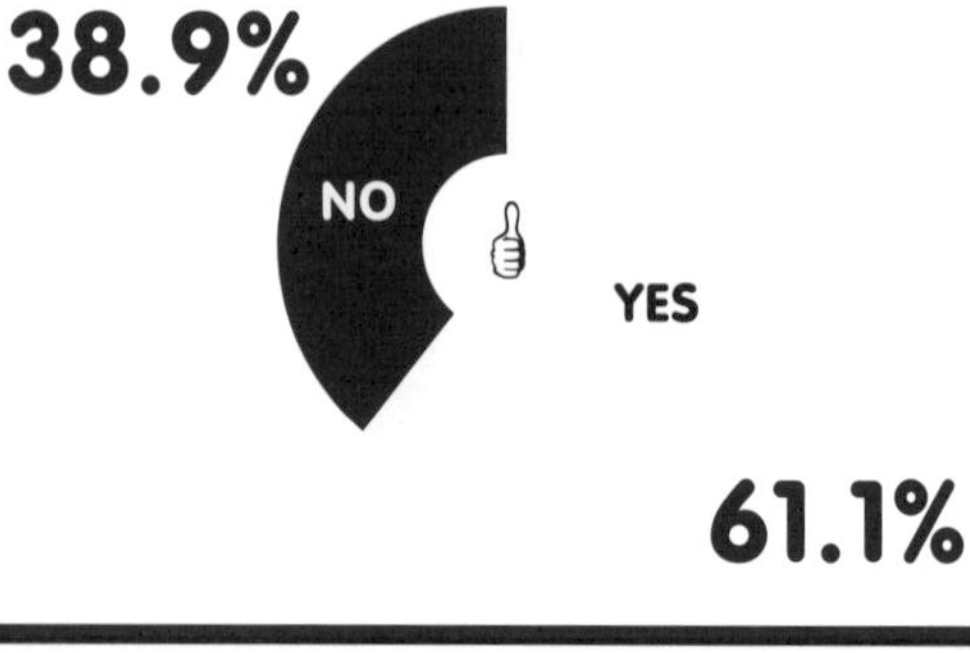

社会人にとって休日は、仕事のことを頭から追いだして好きなことに熱中できる至福の時間。ショッピングしたり、学生時代の友達と飲んだり、恋人とデートしたり……という人も多いはず。

そんなゆったりしたお休みの日は、ファッションや髪型も平日とは違ってラフだったりしますよね。仕事モードをオフにしている姿は、あんまり同僚には見られたくないもの。

でもそんなときに限って……遭遇しちゃうんですよね。

「ん？　あのオジサン、なんか見覚えが……ってうちの部長じゃん！」

まさか、休みの日にまで会社の人に会うなんて。奥さんっぽい人もいるし……超気まずい！　でも、迷っているうちに相手はすぐ目の前に……。

話しかける？

いや、それとも気づかないふりをしてやり過ごす？

いったいどっちが正解なんでしょうか!?

YES ○

**たとえ休日でも、
あいさつぐらいはしよう！**

積極的に距離を縮めたほうが、**仕事をする上でメリットがある**からね
（40歳以上／男性／情報・IT）

とりあえず声はかけて、**用事があるならあいさつだけで済ませばいい**と思うな
（25歳／女性／学校・教育関連）

一度、日曜日に上司を見かけてスルーしたら、翌日**「昨日無視しただろ～」**って言われた。それからはちゃんとあいさつするようにしてます……
（39歳／男性／団体・公益法人・官公庁）

（社会人男女400人調べ）

× NO

[相手にとっても、休日はプライベートな時間。スルー推奨の場合も]

相手が気まずそうにしていたらスルー。遠目に見て気づいたときは、**道路を渡ったり、コンビニに入ったり、道を変えたりして会わないようにするかな**
(21歳/女性/その他)

自分はそこまで社交的じゃないし、**話しかけたら逆に迷惑かも……って思う**
(22歳/女性/その他)

やっぱりプライベートには干渉されたくないし、**向こうも目をそらしていたら気づかないふりをすべきだと思うよ**
(26歳/女性/医療・福祉)

会社の人と外で会うと**気を遣っちゃうし、やっぱり声をかけづらいよね**
(26歳/男性/情報・IT)

★「休日のスタンス」をしっかりと決めよう！

アンケートの結果、社会人の先輩の**60％以上が「話しかけたほうがいい」という回答**でした。

寄せられた意見のなかには、気づいていないだろうと思って話しかけなかったのに、後日会社でスルーしたことを指摘された！　なんて話も。たとえ休日だとしても、社会人のマナーとして軽いあいさつぐらいはしたほうがいいでしょう。

ただ関係性にもよりますが、上司もせっかくの休日にまで会いたくないと思っているかもしれません。話はあいさつ程度にとどめておくのがいいでしょう。

大切なのはあなた自身。**仕事としての付き合いがしたいのか、プライベートの付き合いもしたいのか**、そこにしっかりとしたスタンスを持つことが大切です。

YARUJAN EPISODE

やるじゃん。エピソード 13

唐突な出会いに注意！

休日。ふらふらーっと道を歩いていたら、なんと目の前を上司が歩いていました！　普段は、気軽に上司と会話ができちゃう私。こんなところで躊躇することもないのですが、見ればなんだか友達と一緒にいるみたいだったので一瞬、声をかけるかどうかを迷ってしまったのです。

結局、私を見つけた上司から挨拶をされ、それに対して微妙に嫌そうにしていたように見られるような反応をしてしまいました。

会社の人と気兼ねなく話ができていると思っていたのですが、**仕事の関係とプライベートを知らず知らずに線引きをしていた**みたいです。

休日における仕事とプライベートの考え方を、しっかり整理しておこうと強く思った出来事でした。

議題

14

30

「飲み会の店、選んどいて！」どんな店がいいの?!

Q。新人のころ、職場の飲み会で幹事をやった経験はありますか?

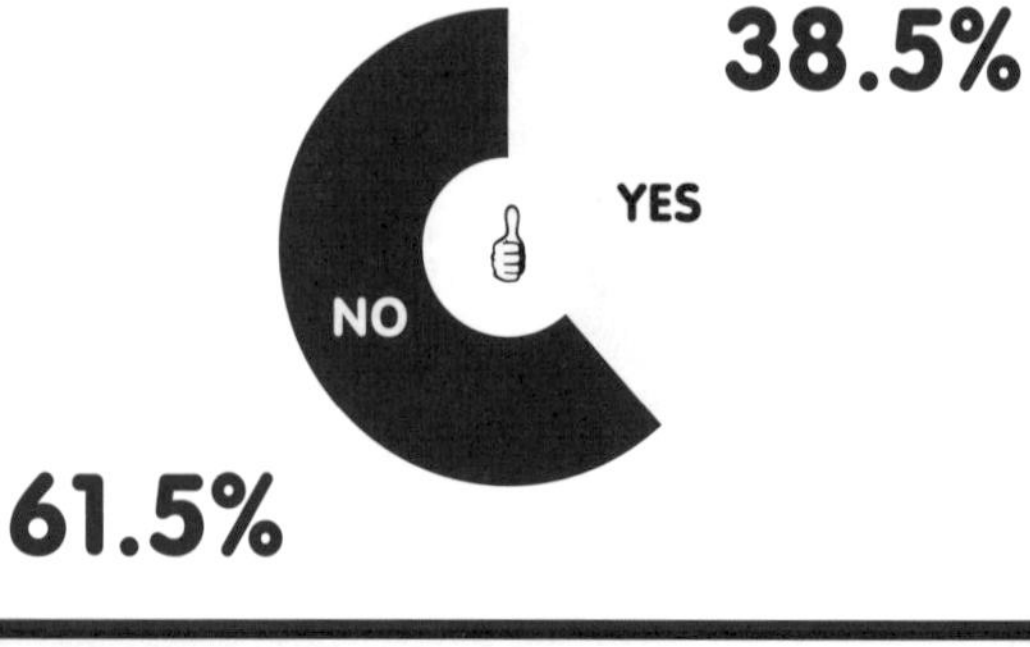

新人が避けて通れないものといえば、そう、飲み会の幹事ですよね。

「店、テキトーに選んどいて！」

なんて言われても、このお店選びがけっこう難しい！

上司も出席する飲み会の場合、それなりにいいお店にしないと「今年の新人はマトモな店も選べないのか?!」と言われてしまうかもしれませんし、かといっていいお店にしすぎると「こんな高い店、だれが選んだんだよ！」とか文句を言われてしまうかも……。飲み会の幹事って、何かと気苦労が多いですよね。


「いっそ、飲み会なんてなくなればいいのに！」


なんて思っている新入社員のみなさんも少なくないのではないでしょうか。

そこで今回は、**上司に「店、選んどいて」と言われたとき、皆の好みで選んでいいのか**を先輩のみなさんに聞いてみましょう！

YES

飲み会の店はメンツの好みで判断すべし！

目的や出席者に合わせて店を選ぶのは当たり前！
（40歳以上／女性／生保・損保）

懇親を深める会なのか、勉強会や反省会の延長での飲み会なのか……飲み会の内容を考えよう
（40歳以上／男性／金融・証券）

みんなが楽しめる場にしたいから、予算や広さも大事だけど、**食べられないものがある人のことも考えて店を選ぶ**かな
（26歳／女性／アパレル・繊維）

せっかく幹事に選んでもらえたんだから、自分で考えることも大事！ 年齢層を考えた上で、好みの店を選ぼう
（40歳以上／女性／学校・教育関連）

（社会人男女400人調べ）

× NO

立場が上の人を優先！
お店選びは上司の好みを優先！

アンケートをとって一番偉い人の好みに合った店を選ぼう。会社の中で立場がちょっとよくなるかもよ
(40歳以上／男性／その他)

上司のセンスに合った店を選ぶべきだよ。上司の好みが反映されないと幹事としてのセンスを疑われるよ
(40歳以上／男性／商社・卸)

店選びはその人のセンスが出る。しっかりリサーチをして、**みんなの要望を把握して適切なお店を選ぶ力**は、他の仕事をする上でも活きるぞ
(40歳以上／男性／その他)

上司のことをよく知っている先輩にどんなお店がいいかまず聞いてみる。相談することで失敗が少なくなるからね
(40歳以上／男性／自動車関連)

上司に「店、選んどいて」と言われたら、大チャンス！

やっぱり、「たくさんの参加者に満足してもらうにはどうすればいいか」がお店選びのポイントだと考えている人が多いようですね。

そのほかには、幹事は新人にとって上司にアピールできる絶好のチャンス！　という意見もありました。

たしかに、飲み会でビシッとお店選びができれば、ふだんあまり絡みのない上司や先輩にも「デキる新人」だと印象づけることができるかもしれませんよね。

飲み会の幹事がとにかく憂鬱だという人も、「せっかく幹事を任せてもらったんだからがんばろう！」とポジティブに考えてみてください。

やるじゃん。エピソード
YARUJAN EPISODE
14

幹事はしっかり務めるべし！

飲み会の幹事は、雑に引き受けてはいけません。

ある飲み会で幹事をしたときのこと。予約が面倒だったのでギリギリまで放置していたら、いい店がほとんど満席になってしまいました。

結局、たくさん電話をかけ、何とか確保したお店が大学のサークルがよく利用する居酒屋で、上司が乾杯の挨拶をする後ろで学生のコールが飛び交うわ、学生同士がケンカをしてしまうわと大混乱……（涙）

直接は責められませんでしたが、完全に幹事である自分の失態でした。

飲み会の幹事は、たしかに面倒な役割ですが、**準備を怠るとひどい目に遭います！**　飲み会幹事も仕事だと割り切って、店選びはしっかりしましょうね……。

議題

15

30

先輩に遊びに
誘われたけど、
他の予定が……！

Q. 休日、上司や先輩に誘われて、断ったことはありますか?

3.7%

YES

96.3%

仲のいい会社の先輩から、突然「今週の休日、遊びに行こうよ！」とお誘いが。

しかし、その日はすでに友達との約束が入っていたとしたら、あなたはどちらの予定を優先させますか？


休日ぐらい、自分の時間を持ちたいと誰もが思うものですが、先に予定が決まっていたとはいえ、せっかくの先輩の誘い。

「むやみに断ったら、よく思われないんじゃないか？」

「断ったことで、仕事にも悪影響が出てきてしまうのでは？」

などと、心配になってしまう人も多いはず。やはり休日の予定だとしても、先輩からの誘いは断ってはいけないのでしょうか。


「休日に先輩に遊びに誘われたら、予定があった場合、断っていいのか」について、社会人のみなさんに聞いてみましょう！

YES ○

休日くらいは自分の時間を。断るときは気遣いのある一言を添えて

人それぞれ都合があるのは当然だから、**そのときはきちんと説明して穏便にね**
(40歳以上／女性／小売店)

予定があるなら断っていいと思うし、**代替日を提案すれば問題ない！**
(32歳／女性／金融・証券)

先輩、上司関係なく**もう用事が決まっているなら、断るのが当然でしょう**
(40歳以上／男性／食品・飲料)

休日にまで上司に会う義務はない！
(40歳以上／女性／その他)

(社会人男女400人調べ)

× NO

遊びといえど先輩の誘い。できる限り優先すべき

休日といっても、**見えない圧力があるよね……**
(40歳以上／女性／医療・福祉)

上司の意向を無視してはいけない
(27歳／女性／その他)

予定の重要度によるが、**仲のよいことが前提なので参加すべき**
(40歳以上／男性／食品・飲料)

仲良くなることが仕事では大事だから行くべき！
(40歳／男性／食品・飲料)

★仕事とプライベートは別物。誠意を見せれば問題なし

アンケートの結果、9割以上の人が誘いを「断ってもいい」という結果になりました。「先輩の誘いとはいえ、先約を断ってまで優先させる必要はない」「プライベートと仕事は分けて考えていい」と考えている社会人が多いのですね。

一方で、休日に予定があるとしても先輩からの誘いは無言の圧力を感じる、という人もいました。

誘いを断るときに大事なのは事情をきちんと説明すること。そうすれば、先輩もきっと理解してくれるはずです。**自分から別日を設定するなど、断ったあとのフォローをする**ことで先輩とのよい関係も維持できるでしょう。

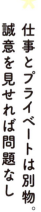

YARUJAN EPISODE

やるじゃん。エピソード

15

思い切って遊んでみる!?

上司からのプライベートの誘いって、最初は戸惑いますよね。

僕は会社の上司からの誘いを、「あ、すみません用事が……」と断り続けていたら、まったく誘われなくなってしまいました。

最初は「まあいいか」と気にしてなかったのですが、他の同僚が楽しそうにバーベキューやらなんやらをしている様子を見ると、認めたくない、認めたくないが……楽しそうだ！　なんてうらやましくなり……。

結局、自分から上司に遊びたいです！　と頼んで参加してみたら、これが意外と楽しい！（笑）

「仕事のつき合い」と考えてしまいがちですが、みなさんも**あまり気にせず遊んでみると、違う面白さが見つかるかも**しれませんよ。

議題

16

30

上司のことを
好きになってしまった！
アプローチしてもいい？

Q. 上司のことが好きになってしまいました。自分からアプローチしてもいいと思いますか？

39.2%

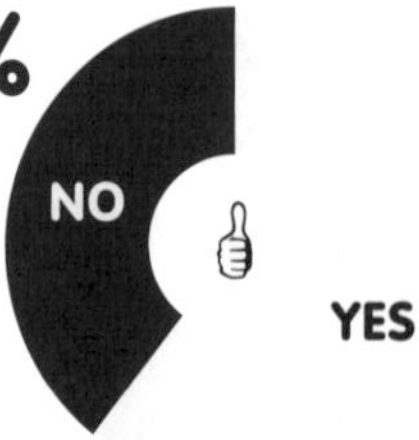

60.8%

職場の上司というのは、迷える新入社員にとって、なにかと頼れる存在。

業務面でのサポートはもちろん、仕事の悩みを親身に聞いてくれたり、プライベートでも飲み会に誘ってくれたりと、ときに厳しく、ときに優しく指導をしてくれますよね。

そんな中、恋愛対象として気になってしまった！　という人もいるでしょう。


しかし、**職場恋愛は学生時代のようにたやすくはいきません！**

そもそも、「職場恋愛禁止」のような暗黙のルールが存在する会社もありますし、そうでなくとも仕事とプライベートである恋愛は分けるべき、という風潮があることも多いのです。

一度芽生えてしまった恋心を封印するのは難しいものですが、ここは社会人として、アプローチをひかえるべきでしょうか？

YES ○

公私混同はNG！　上司への
アプローチはしないほうが得策

上司と部下という立場では恋愛を持ち込むとややこしくなっちゃう
（40歳以上／男性／不動産）

今はセクハラ等の社内モラルが厳しいので、**言われた上司側も対応が難しく困ってしまう。**
（32歳／男性／金融・証券）

仕事とプライベートの区別ははっきりするべき
（40歳以上／女性／アパレル・繊維）

周囲に迷惑をかける可能性があるのが職場恋愛。直属の上司なら諦めるか、部署異動の後に伝えるのがいいよ
（32歳／女性／金融・証券）

（社会人男女400人調べ）

× NO

恋愛するのは個人の自由！
アプローチは常識の範囲内で

仕事場と会社を出た後とでしっかりと**気持ちがわかれていればいい**
（33歳／男性／自動車関連）

相手が既婚者でなければ、どんな恋愛でもいいと思う。しっかりした上司なら、公私混同はしない
（30歳／女性／建築・土木）

実際、**社内恋愛で結婚している友人もいる**のでアリ！
（26歳／女性／機械・精密機器）

恋愛するのは個人の自由。ただし、**仕事に支障をきたさないのが大前提だよ**
（33歳／女性／情報・IT）

★職場恋愛は仕事に支障をきたさないことが大前提！

意見を集めると、**「同僚に迷惑がかかる」「職場恋愛は公私混同」**という意見がちらほらと見えました。たしかに、会社は仕事をするための場所ですから、恋愛に夢中になって業務に身が入らないようでは本末転倒ですね。

一方で、仕事に支障のない範囲でアプローチするのであれば、**「上司との職場恋愛もアリ」と6割の方々が考えている**ようなので、恋をしちゃっているみなさんはご安心を！

しかし上司と部下の立場から、自分たちが思っていなくとも周囲には「仕事の評価に恋愛感情が入ってしまっている」と見られる危険もあります。たとえ恋愛はしても、あんまり言いふらしたりはしないのが無難です。

……ただし、相手が既婚者の場合は不倫になってしまうので、アプローチは諦めましょう。大変なことになってしまいますよ！

やるじゃん。エピソード
16
YARUJAN EPISODE

職場恋愛は節度を持って!!

仕事の悩みを親身に聞いてくれたり、**バリバリと働く上司の姿に異性としての魅力を感じてしまう気持ち**、よーくわかります！

私の友達もまさにそのパターン。同じ課の課長を好きになってしまい、デートに誘ってみたり、LINEでアプローチをしてみるものの、なかなか振り向いてくれないらしいです。

これ以上、アタックしても相手に嫌われるだけ。そう感じた友人は上司と別の部署になることを狙って、毎年異動届けを出しているとか……。彼女の異動希望と恋が実るように私も応援しています！

……いえ、友達の話ですよ？

議題

17

30

カラオケでは上司と何歌えばいいの？

Q. 職場の上司・先輩とカラオケに行くとき、選曲に困ったことはありますか?

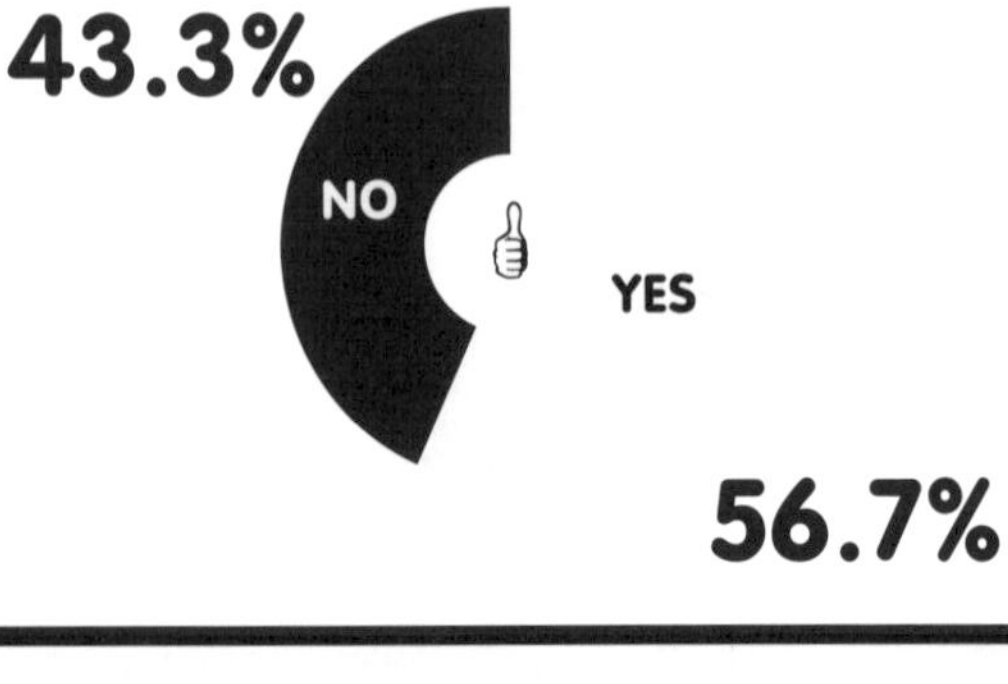

飲み会後の二次会など、上司と一緒にカラオケに行くのも社会人ではよくあることですが、部下にとっては悩みの瞬間でもあります。
歌にコンプレックスを持っている人はもちろんですが、自信のある人でも友達と行くときとは違い、幅広い世代の人と一緒なので曲の選択がかなり難しいからです。

「上司と一緒かぁ。カラオケ好きだけど、部長が好きな曲とか知らんしなぁ。オレの十八番《おはこ》のマイナーバンドの曲とか歌っても絶対盛り下がるだけ。かといって、流行りのアイドルソングってキャラでもないし……」

同じ悩みを持っている人は、そんなときどうしているのでしょうか？
そこで今回は、「上司とのカラオケに行くとき自分の好きな歌を歌うかどうか」について、先輩方に調査してみました！

YES ○

カラオケは自分の本気曲で勝負！

自分が歌える曲でないとうまく歌えないと思うんだ。だから、自分が歌いたいものを選んだほうがいいと思う
（38歳／女性／その他）

やっぱり自分の十八番を歌うのがいいと思うよ
（40歳以上／男性／電機）

歌に自信があるところを見せちゃおう！ **カラオケ好きな上司は喜ぶかも！**
（30歳以上／男性／その他）

（社会人男女400人調べ）

× NO

選曲はテクニック！
苦手なら周りを巻き込むのがベスト

どの世代でも共通してわかる曲を選べば、自分が歌わなくても、誰かが一緒に歌ってくれるからおすすめ
(35歳以上／女性／商社・卸)

上司の年代の流行曲を選ぶと、上司が気持ちよく酔えるから、あとあと業務でもスムーズに進むこともあったりして
(30歳／女性／情報・IT)

流行ったダンスがある歌とかは**みんなでのれるから、みんなで踊れる曲を選ぼう**
(37歳／女性／学校・教育関連)

★全世代が「盛り上がれる曲」が楽

社会人の先輩の半数以上が、どの世代の人にも受け入れられるような曲を選んだほうがいいという回答でした。

もし「歌に自信がある！」という人でしたら、自分が一番うまく歌える曲を選んで「すごい！　うまい！」と喜んでもらうほうが盛り上がるかもしれません。でも、そういう人はごく少数でしょう。

また、歌はちょっと……という人こそ、誰もが知っているような曲を選ぶことで、自分ひとりで歌う状況を回避できます。

いろんな世代の人が集まる会社のカラオケだからこそ、**自分が盛り上げやすい曲は何なのか？　という視点で考える**のが解決への一番の近道ですね。

YARUJAN EPISODE

やるじゃん。エピソード 17

カラオケは「ありのままで」勝負！

新社会人の大きな悩みのひとつが上司や会社の人と行くカラオケ。好きな人には楽しいイベントも、嫌いな人にとっては苦痛でしかないですよね。

ましてや、会社の偉い人がいる場合、何を歌えばいいのか迷います。考えた結果、かぐや姫の「神田川」を選曲したところ、銭湯で待たされてしまった登場人物のように、場が冷え切ってしまいました。

もしかしたら『ヤングマン』のほうが良かったか……!?　なんて考えていると上司から、「別に無理して合わせなくてもいいよ」の温かい言葉。

上司世代も意外と若い人の曲を聴くと楽しいみたいなので、自由に選曲するのが一番なんですね。

議題

18

30

休日に上司から LINEが来たら 返信するべき？

Q. 休日に上司からLINEが来たら
返信しますか?

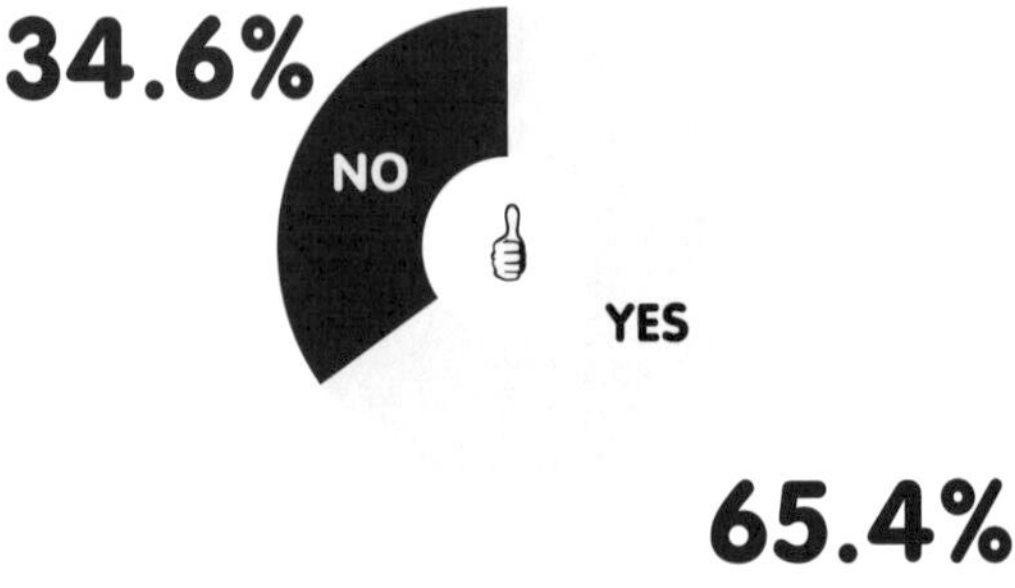

いまや多くの人が、コミュニケーションの手段として使っているＬＩＮＥ。入社後、上司や先輩とＬＩＮＥを交換したという新社会人も多いと思います。メールよりも簡単にメッセージが送れるため、休日にもかかわらず上司からＬＩＮＥが来ることも……こんなとき、あなたならどう対処しますか？

「上司だし、仕事の内容じゃないけど返信しないとな……」
「休日だし、プライベートだから返さなくていいかも？」

このように、返信するべきかどうか悩んでしまうことってありますよね。では、社会人として、上司からのＬＩＮＥにはどのように対応するのが正解なのでしょうか。

今回は、「たとえ休日といえども、上司からのメッセージには必ず返信しなければならないのか」について社会人男女に聞いてみました。

YES ○

［ 相手が誰でも返信すべき。
それが社会人としてのマナー ］

上司も必要だから連絡したはず。LINE くらいしてあげてもいいんじゃない?
(40 歳以上/女性/医療・福祉)

最低限の返信はマナーだと思う!
(40 歳以上/女性/小売店)

上司との間柄にもよると思うが、**そこまで気にせず返事してしまうと思う**
(31 歳/女性/情報・IT)

内容によるけど、**ある程度は急用なことだと思うから、返事はするべき**
(40 歳以上/女性/小売店)

(社会人男女400人調べ)

× NO

LINEはプライベートで使うツール。返信の強制力はなし

内容にもよるが、LINEはプライベートなので、**返信の強制力はないと思う**
（40歳以上／女性／その他）

LINEでの用件は緊急性がないと思う
（40歳以上／女性／その他）

事柄にもよるが完全にプライベートだとわかっていることなら、**無視していてもかまわないんじゃない？**
（40歳以上／女性／団体・公益法人・官公庁）

別に返信の必要はないけど、**さくっと電話で直接話しちゃうのがいいかもね**
（40歳以上／男性／その他）

メッセージの内容にもよるけど……「迷ったら返す」が無難！

アンケートの結果、6割以上の人が「返信すべき」と回答しました。やはり休日に来たものとはいえ、上司からの連絡には変わりありません。ましてや、既読機能があるLINEならば、無視はしないほうがよいでしょう。

一方、少数派ではありますが、「返信をしなくてもいい」と考えている先輩社会人もいました。LINEはプライベートと割りきっているなら、周囲にもそのように決めていると伝えておいたほうが角は立ちません。

友達とのやりとりであれば、当然読み流すこともできますが、**上司からくるLINEは休日だからこそ、急用など特別な意味がある**のかもしれません。メッセージの内容にもよりますが、きちんと返信しておいたほうが無難ですよ！

やるじゃん。エピソード

18

YARUJAN EPISODE

それ、本当に【重要報告】!?

今日は、待ちに待った休日デート！

その最中、ふとスマホのロック画面を見ると、なんと上司からLINEの通知が！　メッセージの文頭には【重要報告】と書いてありました。

デート中だしスルーしたいけど、もしかしたら緊急の連絡かもしれないし、上司のLINEを無視するのもなぁ……と、葛藤したあげく、意を決してメッセージを読むと……。

「【重要報告】　我が家で飼っているネコが赤ちゃんを産みました！」

かなりドキドキしながらLINEを開いたので拍子抜けでした。

よく考えれば、**上司だって緊急の連絡ならメッセージだけじゃなく、電話をかけるはず**なので、そこまで気にしなくてもいいのかもしれませんね。

議題

19

30

先輩の誕生日、何かお祝いすべき?

Q. 上司の誕生日は、何かお祝いしないといけないと思いますか?

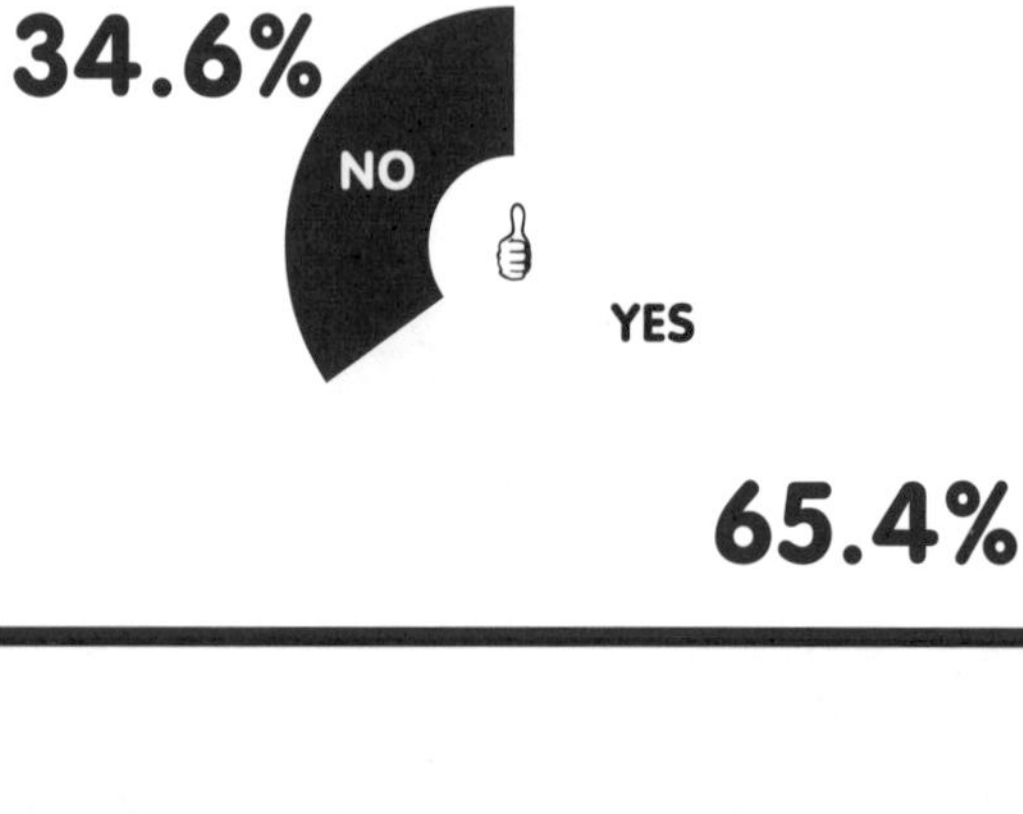

あなたは社会人として、上司の誕生日はきちんと祝うべきだと思いますか？

友人や恋人の誕生日を祝うのと同じように、個人的にプレゼントやメッセージなどを準備してあげるべきだと考える人もいるでしょう。

しかし、会社ではプライベートな部分にはあまり関心をもたないほうがいい場合もあります。誕生日は年齢に関することでもあるので、特に女性の場合はあえてスルーしておかないと、逆に失礼になると考える人もいるかもしれませんね。


「勝手にプレゼントなんて用意したら、逆に気を使わせてしまうかも」

「今日誕生日なのに何も準備してないなんて、やっぱりダメかな……」


こんな考えが頭に浮かんで、上司の誕生日前にそわそわする新社会人もいるはず。

果たして、上司の誕生日とはお祝いすべきものなのでしょうか？

YES

「おめでとう」の一言でも。好印象を与えれば仕事も円滑に

何かをあげるまではいかなくても、お祝いの言葉は言ったほうがいい
（40歳以上／女性／建設・土木）

親しい上司ならいつもお世話になっているので、**何かプレゼントを渡すべき**
（26歳／女性／ホテル・旅行・アミューズメント）

社交辞令でも、**いい印象を与えておこう！**
（32歳／女性／小売店）

（社会人男女400人調べ）

× NO

個人的にプレゼントする必要なし。会社の慣例に従うべき

媚びを売る必要はない！
（33歳／女性／商社・卸）

プレゼントすることが普通となるような悪い風習につながってはいけない
（40歳以上／男性／食品・飲料）

言葉だけで十分だと思う。相手もそこまでは望んでいないはず
（40歳以上／男性／運輸・倉庫）

職場で慣例的にあればするが、きりがないことだと思う
（40歳以上／女性／医療・福祉）

お祝いの気持ちを素直な言葉で表現すればOK

アンケートでは、6割以上の先輩社会人が「お祝いをしたほうがいい」という結果でした。

一方、少数派の意見である「お祝いをしなくていい」という人は、職場の風土によって、見極める必要があるという意見でした。風土にもよりますが、あまり歓迎されない会社もあるのです。

どちら側の意見でも共通しているのは、お祝いに大切なこととは高価なプレゼントを用意するということではなく、直接「おめでとうございます」と言葉にして伝えることが大切だということ。**プレゼントは会社それぞれの文化ですが、気持ちは会社に依存するものではありません**。プレゼントはどうであれ、祝福の気持ちはかならず伝えましょう。

YARUJAN EPISODE

やるじゃん。エピソード 19

プレゼントの方法はひとつじゃない！

会社によって、同僚の誕生日を祝う文化があるところ、ないところがあると思います。僕の職場ではよく誕生日を祝い合っているのですが、やっぱり一番困るのは、「上司に何をあげるか」じゃないですか？

僕は今年、上司の家庭にお子さんが生まれたので、お子さん用の服など、マタニティグッズをみんなでプレゼントしました。彼の趣味はゴルフなので、「ゴルフグッズがよかった！」と言っていますが、そう言いながらも嬉しそうでした。

プレゼントに悩まれている方がいれば、こういう家庭に嬉しいプレゼントなんかもいいかもしれませんよ！

議題

20

30

旅行のお土産、みんなに買わなきゃダメ？

Q. 旅行に行ったときに、同僚にお土産を配るべきだと思いますか？

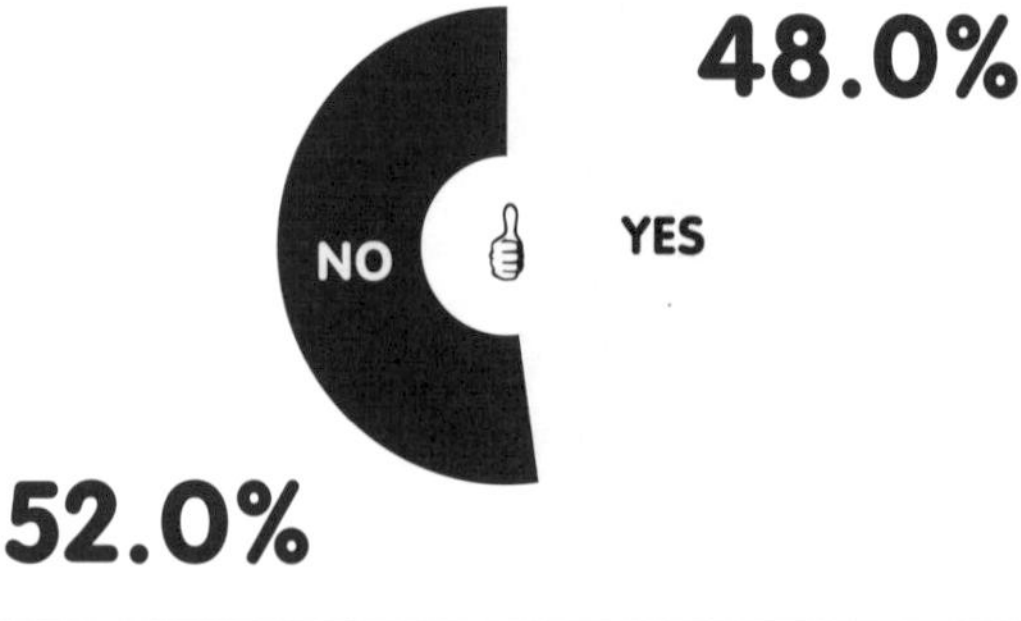

社会人になって初めての有給を使った旅行。

平日に行ける旅行は人気スポットが空いていたり、仕事があるはずの日に遊んでいる優越感に浸れるなど、なかなかいいリフレッシュになりますよね。

そんな楽しい旅行ですが、悩ましいのは会社の人へのお土産。

「やっぱり休んでいる分、お詫びとしてお土産は買っていったほうがいいのかな」

「どのあたりの人までお土産買っていけばいいんだろう……」

「そもそも、会社のお土産ってどんなものを買えばいいのかな？」

やはりお休みをもらった分、お土産を買うべき？

それとも仕事とは別物と考えて、お土産を買わなくてもいいもの!?

ということで、有給で旅行した際の会社の人へのお土産について、みなさんの意見を集めてみました。

YES

お土産を配ることで 社内環境もよくなる!

周囲の人も旅行に行けば必ず土産を買ってくるし、**コミュニケーションとして必要**
(40歳以上/女性/医療・福祉)

お土産をもらうこともあるので、**お返しの意味で**渡すと、社内の雰囲気もよくなる!
(40歳以上/男性/その他)

旅行で有給を取得したので**迷惑をかけたお詫び、という考え方もあるよ**
(29歳/男性/自動車関連)

(社会人男女400人調べ)

× NO

オフなんだからいいじゃん！ プライベートと会社は別！

誰かが買ってきたら、次に旅行した人も**気を使って買わなければならない**
(28歳／女性／通信)

有給も公休も取る権利があるものなので、**悪いと思う必要はない！**
(33歳／女性／その他)

誰かがあげていると、それと同じか**それ以上のものをあげなきゃいけないというプレッシャー**になってめんどうになる
(25歳／女性／マスコミ・広告)

プライベートまで会社の人たちのことを考えたくない！
(32歳／男性／その他)

★旅行先で会社の人にお土産を買うかどうかは気持ち次第？

旅行先でお土産を買ってくる派の意見として、日ごろの感謝の気持ちを込めて渡したいという人がほとんどでした。お土産を配る際に、上司や先輩から旅行先についていろいろ聞かれるため、会話が広がり、仲が深まりやすいという意見も。

特に有給をとって旅行に行った場合は、自分の空いた分の仕事をサポートしてもらっていることが多いはずです。

そんなときは、**ご迷惑をおかけした同じ部署の分だけでもお土産を買って帰るといい**でしょう。お土産不要派も多数いますが、お土産を渡して怒られるということはないと思いますので、判断に迷ったときは参考にしてみてください。

やるじゃん。エピソード 20

YARUJAN EPISODE

奇抜なお土産に注意！

旅行のお土産って、何気にセンスが問われますよね。

オーストラリアに行ったとき、これは珍しいとカンガルージャーキーを課のみんなに買ったのですが、誰も喜ばず。

上司にはオーストラリアにしか生息しないエミュー（ダチョウみたいな鳥）のジャーキーを買ってきたところ、数ヶ月経ってもまだその人のデスクに置きっぱなしに。一応気を使って、カンガルーよりも高額なエミュージャーキーを上司用にしたんですけど、しばらくあだ名が「ジャーキー」でした（苦笑）

目新しさよりも、ベタだけど絶対に喜ばれる定番品のほうが会社のお土産にはふさわしいと学びました。

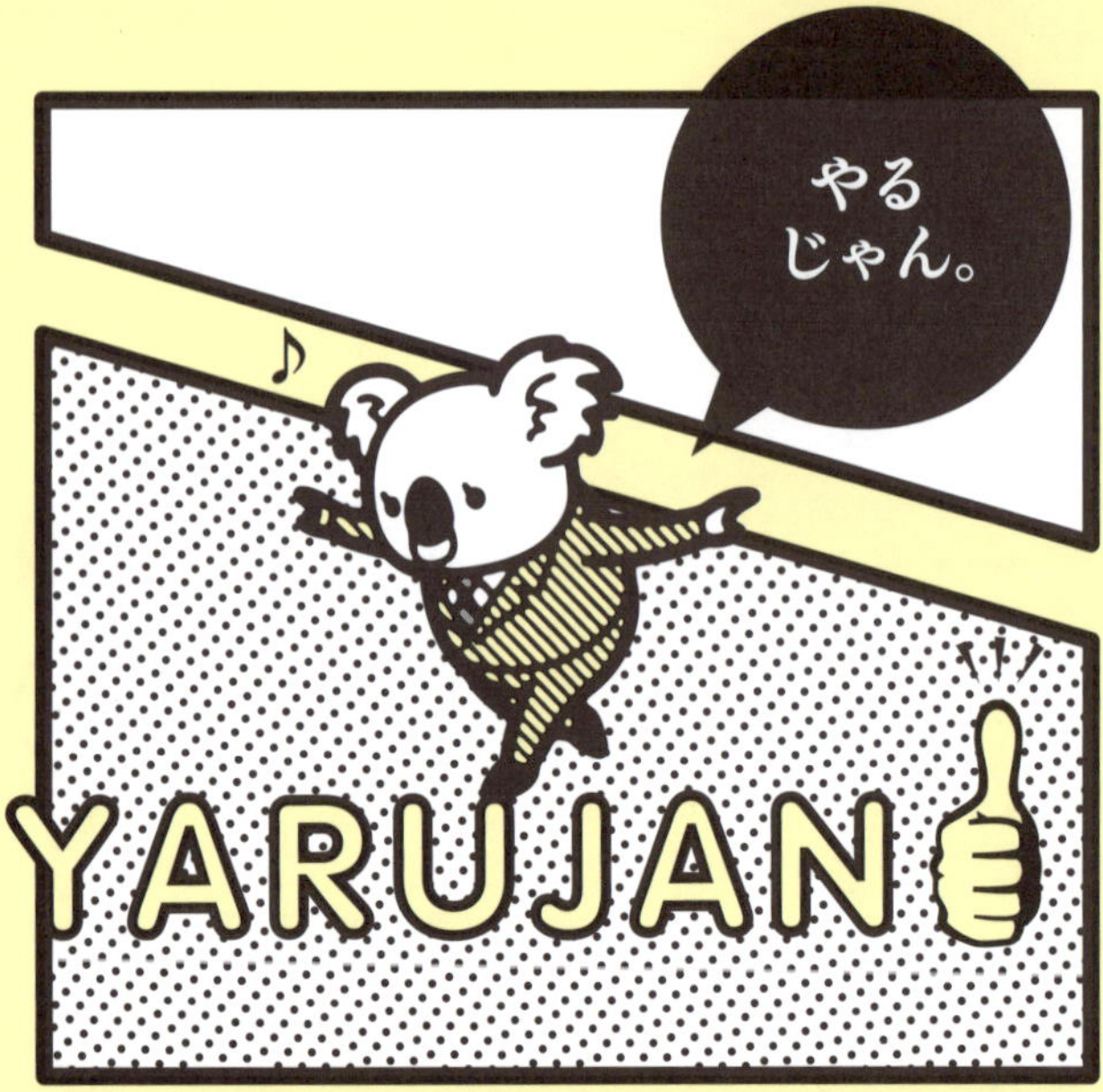

CONTENTS

NUMBER 21 → NUMBER 30

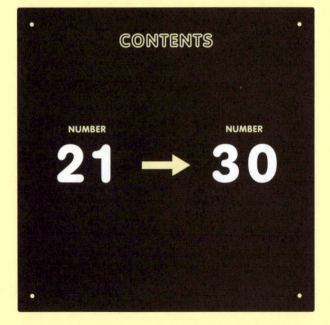

CHAPTER 3

仕事のトラブル！

議題

21

30

取引先とトラブルになって関係がこじれてしまった！

Q. 仕事で取引先とトラブルになったら、すぐに自分で謝りに行くべきですか？

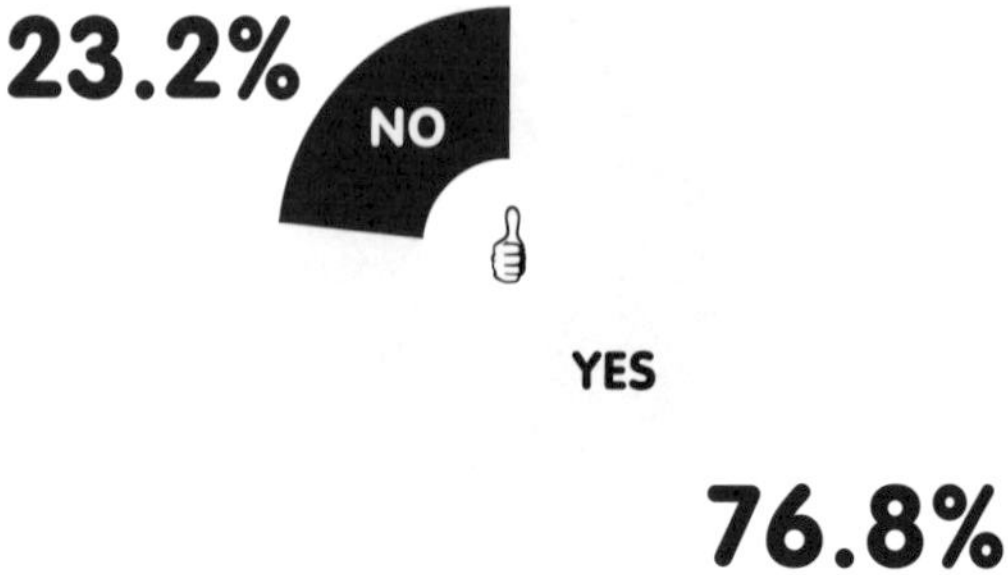

だんだん会社にも馴染んでくると「よし、今回はお前一人でやってみろ！」なんて任される仕事も増えてくるんですよね。

はじめのうちは、「ミスしてないかなぁ」と慎重になりますが、数をこなすうちに「まぁ、こんなもんでしょ！」と雑になっていくこともあるはず。そんな**油断が積み重なったときは必ずトラブルが起こります。**

「キミじゃ話にならないな……もっと上の人呼んできてよ」

「もういいよ。こんな簡単なこともわからないなら、取引は中止だ！」

きっかけはささいな意見の食い違いでも、雪だるま式に問題が膨らんでついにはこんなふうに怒鳴られるハメになったり。

お客さんはカンカン……。泣きたくなるようなこの状況。上司にお願いすべきか、それとも自分で対処すべきかについて、社会人４００人に聞いてみました！

YES ○

トラブル対応は初動が命！困ったら上司や先輩を頼ろう

何はともあれ上司に報告して、絶対に勝手に動かないこと！　きちんと報告しておかないと最悪の事態になるかも……?!
(34歳／女性／建築・土木)

変に画策しようとするとマズいことになる！　自分でどうにかしようとして、ますます話がこじれた経験アリ……。
(27歳／女性／商社・卸)

自分ひとりで悩んでもいい答えは出ないし、経験豊富な人に聞くのが一番だよ！
(24歳／女性／金融・証券)

社内で相談して対応を決めるかな。**個人ではなく会社として対応するのが大事**
(40歳以上／男性／団体・公益法人・官公庁)

(社会人男女400人調べ)

× NO

どんなトラブルでも、誠意を持って対応することが大事！

まずは会いに行って謝るべき。電話やメールじゃなくフェイス・トゥ・フェイスで謝ってこそ、こちらの誠意が伝わるものです
（40歳以上／男性／医療・福祉）

相手の話をよーく聞くこと！ 言いたいことを言い尽くして気持ちが落ち着いたら、相手もだんだん冷静になってくる。こちらが悪いところは素直に謝罪！
（40歳以上／女性／学校・教育関連）

原因をちゃんと明らかにして、納得するまで説明するのが一番だと思うよ
（35歳／男性／電力・ガス・石油）

「自分は悪くない」という態度は、たとえ心の中で思っていても**絶対に見せちゃダメ**
（31歳／女性／ホテル・旅行・アミューズメント）

誰でもミスやトラブルは起こすもの。
大事なのは、どう対応するか！

どんなトラブルが起きたとしても変わらない鉄則は、「相手のために」対応することです。

「大会議」で出たどちらの意見にも共通することですが、大前提として変な画策をしてはいけません。その場しのぎでついたウソやごまかしは、いずれバレるものです。

もう二度と同じトラブルを繰り返さないためにも、しっかり原因や対応策を考えて、必要なら真摯に謝罪しましょう。

くれぐれも、「こっちは悪くないけど……はいはい、とりあえず謝っときゃいいんでしょ！」なんて気持ちは表情や態度に出さないように！

YARUJAN EPISODE

やるじゃん。エピソード 21

失敗から多くを学ぼう！

事業でミスをして、お客さんのところへお詫びに伺ったのですが、担当者はかなりご立腹で、謝罪しても聞き入れてもらえませんでした。

先輩になにか方法はないかと相談すると、ミスを挽回できる代替案を考えてみたら、とアドバイスが。

ダメ元で代わりの企画を提案することにし、その日からはひたすら新企画づくりに奔走。結局、その企画は通らなかったものの、誠意が通じたのか失敗した企画についてはお許しいただけることに。

自分で誠心誠意謝り、先輩の意見を聞き、解決の道を探る。

ごまかさずにすべて自分で動き回ったからこそ、大切な仕事の経験となったのでした。

議題

22

30

風邪を引いてしまったら、休めるのかな？

Q. 風邪を引いてしまったら、会社を休むべきだと思いますか？

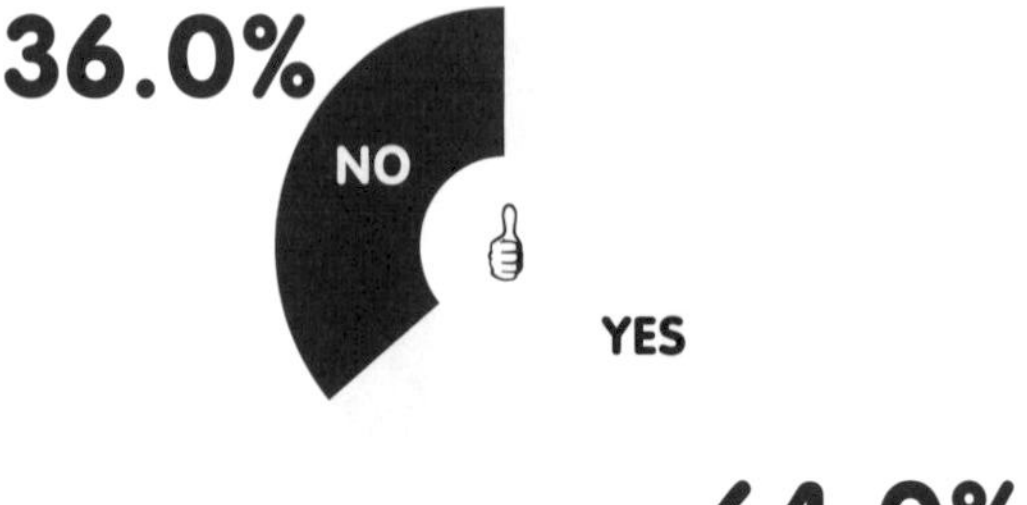

会社に行くために朝起きたら少し熱っぽい気がする。

社会人になってから連日の慣れない仕事で、もしかして体調をくずしてしまったのかもしれません。

もちろん、仕事を急に休むことで会社の人には迷惑がかかってしまいます。自分の分の仕事を誰かが埋め合わせをしてくれることになるでしょう。

同僚に迷惑をかけてしまうことを考えると、**やはり風邪を引いていても出社すべきなのでしょうか？**　それとも周りの人にうつさないよう、ここはおとなしく自宅で療養すべきなのでしょうか？　判断に困ってしまいますよね。

この場合、どうすればいいのでしょうか？

風邪を引いてしまったときの出勤について聞いてみましょう！

YES

休むと会社の人に迷惑をかけることも……？

人員が欠けることで**周りの負担が増える**こともあるため、体調に合わせて出社すべき
（26歳／女性／医療・福祉）

個人個人、仕事の忙しさもあるのだろうけど、インフルエンザ以外なら**会社に迷惑をかけたくない**ので少しくらい無理してでも行く
（40歳以上／男性／人材派遣・人材紹介）

自分の仕事があるのであればやるだけやってから早退したほうがいい
（26歳／女性／医療・福祉）

マスクして仕事ができるなら行ったほうが周りに迷惑をかけずにすむ
（40歳以上／女性／その他）

風邪の具合にもよるが、**休んだときのリスクのほうが大きい**場合は休むべきではない
（33歳／女性／その他）

（社会人男女400人調べ）

× NO

会社内で伝染の可能性も! おとなしく療養すべき

体調がよくないとき、熱があるときは**伝染の危険性もある**ので、休んだほうがいい
(40歳以上/女性/その他)

うつしてしまうのはかえって迷惑。無理して出社して**「具合が悪い」アピール**をしてもいいことはない
(40歳以上/女性/機械・精密機器)

インフルエンザにかかった人が会社に来ていて**結果的に会社内で感染してしまった**ので、周りの状況を見て休むか行くか決めたほうがいい
(40歳以上/男性/金融・証券)

1日休んだほうが治るのが早いから
(31歳/女性/アパレル・繊維)

効率の低下したり、病気が悪化したりなど、**リスクのほうが大きいから**
(40歳以上/男性/医療・福祉)

★社会人の風邪はケースバイケースで判断を！

大半の人が、「体調が悪ければ休むべき」と回答する結果に。

急に会社を休むことで周囲の人に迷惑がかかってしまい、後ろめたい気持ちになるのもわかりますが、誰かにうつしてしまっては元も子もありません。

ただの風邪だと思っていても、インフルエンザなど、伝染力が高い病気の可能性もあります。いつもと様子が違うと感じた日は、無理せず休みを申請しましょう。

……とはいってもケースバイケース。症状を自分で判断して、普段の業務がいつもどおりにこなせるようであれば、マスクをして出勤するのもありでしょう。

「体調管理をするのも社会人の責任のひとつ」とよく言いますが、これは**責任をもって出勤するか、休むかを判断するということでもある**のです。

YARUJAN EPISODE

やるじゃん。エピソード

22

体調不良は無理せずに！

朝起きるとなんだか体調が悪く、「うわ、これ絶対熱がある！」と感覚的に確信するときってありますよね。

それでもけっこうな確率で何もなかったりするのですが、熱はないのに体調が悪いときって、いつもどうすればいいか迷ってしまいます。

無理して出社したことがあるのですが、結局仕事にならず。

そうこうしているうちに上司から、「つらくて仕事できないなら帰りなよ」と心配されてしまいました。

仕事がはかどらないなら休む、会社に来たのならしっかり仕事する。

はっきりしないことは、自分にとっても会社にとってもよくないことを実感した一日でした。

議題

23

30

宴会で先輩からムチャ振りされた!

Q. 上司から一発芸などのムチャ振りをされたとき、やるべきだと思いますか?

13.2%

86.8%

歓迎会、送別会、仕事終わりにちょっと一杯……。

せっかくの楽しい時間、みんなで楽しく過ごすのが理想ですが、どうしてもその場の流れで上司、先輩の要望に応えなくてはいけない……という場面も存在します。

普段は優しい上司もほろ酔い気分。つい楽しくなってしまって、こんなことを言ってくるかもしれません。

「君さ、なんかおもしろい話してよ！」

「ちょっと一発芸やってみて！」

そう、いわゆる「ムチャ振り」というやつです！

あれやって、これやって、なんていきなり言われてしまうものですから、事前に前もっての準備はムリ。かといって、むげに「できません」と断ると角が立ちそうだし……この場合、断ってもいいのでしょうか？

YES ○

無理にがんばらなくていい！ ムチャ振りは断っても大丈夫

自分の嗜好もあるのだから、**上司だからといって受け入れる必要はない**
(39歳／男性／マスコミ・広告)

個性だから。**やりたい人、アピールしたい人がすればいい**
(39歳／男性／マスコミ・広告)

冗談まじりでのムチャ振りが多いから、断っても特に問題ない
(40歳以上／男性／商社・卸)

断ったところで出世に響くわけでもないし、一発芸で給料をもらえるわけではないから
(33歳／女性／情報・IT)

無理にムチャ振りに応えようとがんばっても、**逆に場が白ける**
(29歳／女性／団体・公益法人・官公庁)

(社会人男女400人調べ)

× NO

ムチャ振りは仕事の肥やし？ときにはノリよく返すことも大事

飲み会であればやるべき。**すべったとしても上司もしくは周囲の人間が突っ込んで笑わせてくれる**はず。それをやらないようならまわりの人の責任
（32歳／男性／金融・証券）

いろんな人間がいるので、それを乗り切るテクニックを持ち合わせておくことも、**これからの世渡りのために必要**
（40歳以上／男性／その他）

とりあえず何かやってみる。**できなくてもそれはそれで期待されている**
（33歳／男性／医療・福祉）

何かやっておいたほうが、**その場もその後も雰囲気を壊さないですむ**と思う。
（40歳以上／女性／アパレル・繊維）

V

★無理にやらなくてもいいけど、断り方は重要！

宴会で上司からムチャ振りをされたときの対処法を聞いたところ、9割近くの社会人が「無理に何かをする必要はない」と回答していたので、こういった飲み会ノリが苦手な方はホッと胸を撫で下ろしたのではないでしょうか。

飲み会の席は仕事とは違ってあくまでも懇親の場なので、無理に上司や先輩の指示に従う必要はないと言えるでしょう。

しかし、上司や先輩も、なにも嫌がらせのつもりであなたにムチャ振りをしたわけではないはず。露骨に拒否反応を示すと、場の空気を悪くしてしまうこともあります。そこは少し大人になって、**「そういったことは苦手なので……」などと角が立たないように断るといい**かもしれませんね。

YARUJAN EPISODE

やるじゃん。エピソード

23

かくし芸はスベるが勝ち!?

「何か一発芸やってよ!」

突然の雑なムチャ振りをされて困ったとき、あろうことか僕は口笛でウグイスの音真似をするという、なんとも言えない芸をしてしまったのです。

騒がしくて隣の人の声すら聞こえなかったその場が、まるで水を打ったように静まり返り、戸を挟んだ隣のテーブルの人が割り箸を割る音すら聞こえるほどでした。

それ以降、先輩から無茶振りをされることはありませんでした。

……まあ、思い切ってスベるのもありかもしれませんね……はは……。

議題

24

30

上司に怒られて険悪な雰囲気になってしまった！

Q. 上司に怒られて関係が険悪になってしまった経験はありますか？

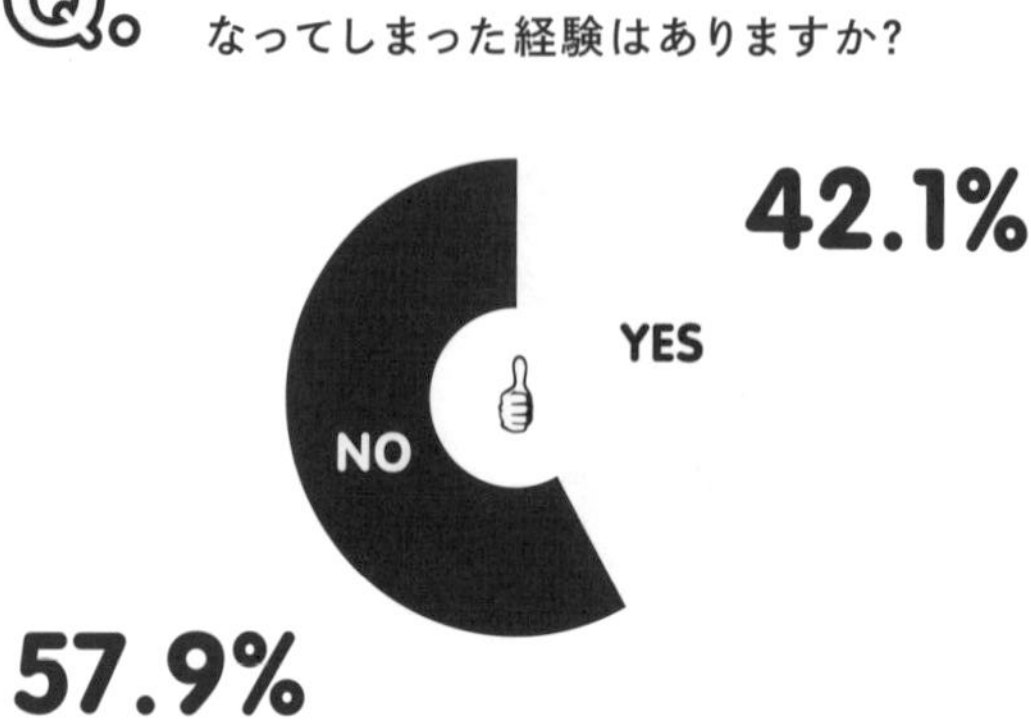

いろんな仕事を任せてもらえるのは、新入社員にとって一人前になったようでうれしいものです。

でも、それに比例して上司から叱られる回数も増えるんですよね。

誰だって仕事で怒られるのはイヤなはず。でも、どれだけミスをしないように、怒られないように……って気をつけていても、失敗を完全に防ぐのは無理！

それに、自分は絶対悪くないのになぜか怒られるなんて理不尽なパターンもあります。怒られた内容になんだか納得できなくて、つい言い訳してしまったら、「君のためを思って注意しているのになぁ。言い訳は聞きたくないね」なんてピシャリと言われて、さらに険悪な雰囲気になっちゃったりして……。

新人の自分から謝らなきゃいけないのはわかってる。だから、ちゃんと謝罪はしたつもりだけど、あれからなんだかずっとギクシャクしてるような……。


怒られて気まずくなった後って、どうすれば上司との関係を元通りに戻せるの？

YES ○

やりすごすだけじゃダメ。怒られてもしっかり意見を伝えよう！

筋が通ってないのに上司の指示に無理やり従わされた。どうしても納得できないから、**相手が上司でも反論すればよかったな**
（24歳／女性／機械・精密機器）

説明も見本もなく新しい仕事を振られたのに、上司に怒られた。**事情を説明すればわかってもらえたかも**
（32歳／男性／学校・教育関連）

不満はあったけど言えず、そのせいで結局怒られて**今でも後悔してる。**思ったことはその場ではっきり伝えるべき！
（27歳／男性／医療・福祉）

基本は素直に話を聞くし、**納得できない場合はちゃんとその理由を言う**から険悪になったことなんか一度もないよ
（24歳／男性／医療・福祉）

S

（社会人男女400人調べ）

× NO

まずはイライラを心にしまって、上司の意見を受け入れよう！

たとえ心の中でイライラしていても、**素直に聞くようにするべき**。そうすれば関係が険悪になることもなくなるよ
（24歳／女性／学校・教育関連）

上司に怒られる内容は、たいてい自分ができていないこと。険悪になってしまっても、**謝って上司の意見をしっかり聞くようにするかな**
（24歳／男性／マスコミ・広告）

そもそも**問題になる前に質問する**から、そんなムードにはならないね
（24歳／女性／学校・教育関連）

私の上司はちゃんと意見を聞いてくれるタイプだから、言い争いみたいにはならないよ。もし意見が対立しても、**お互いに意見交換する**って感じ
（23歳／女性／情報・IT）

★イラッときても、まず自分から謝るのがオトナの対応！

4割以上の若手社会人は、上司に怒られて関係がギクシャクした経験があるみたいです。でも、新人はいっぱい怒られて成長するもの。**上司とぶつかるのはある程度しょうがないことですが、大事なのはその後の振る舞い方！**

その場は形だけ「すみません」と謝ってやりすごしたとしても、陰でグチグチ言ったり、ふてぶてしい態度を取ったりすると、「こいつ、本心では全然反省してないな」と上司にバレてしまいますよ！　そんな風に思われてしまったらあなたの評価は急降下。ここはイライラをグッと飲み込んで、素直に上司の意見を聞くのがオトナの対応というものです。

先輩の意見にもあるように、きちんと謝ったら気持ちを切り替えて、いつまでも怒られたことを引きずらないようにするのもポイントですね。

YARUJAN EPISODE

やるじゃん。エピソード 24

反論の前に、自分を見直そう

先輩に新しい仕事をマンツーマンで教えてもらったときのこと。先輩が早口すぎてメモがとれず、手順を覚えきれなかったことがありました。結局、作業中にやり方がわからなくなってしまい、もう一度手順を聞きにいくことにしたのですが、先輩からは「教えてもらったことはメモしなきゃ」と怒られてしまいました。

しかし、そこでムッときた私は、あろうことか「こんな仕事、一回じゃ覚えきれないですよ！」と言い返してしまったのです。

あとで思い返せば、これは聞き取れなかったときにもう一度聴き直すことができなかった私のミス。**頭に血を上らす前に、地に足をつけた仕事をしなければ**と気を引き締めたのでした。

議題

25

30

有給が取りたい！

Q. 有給を取りたい用事があるときは、正直に理由を言えますか

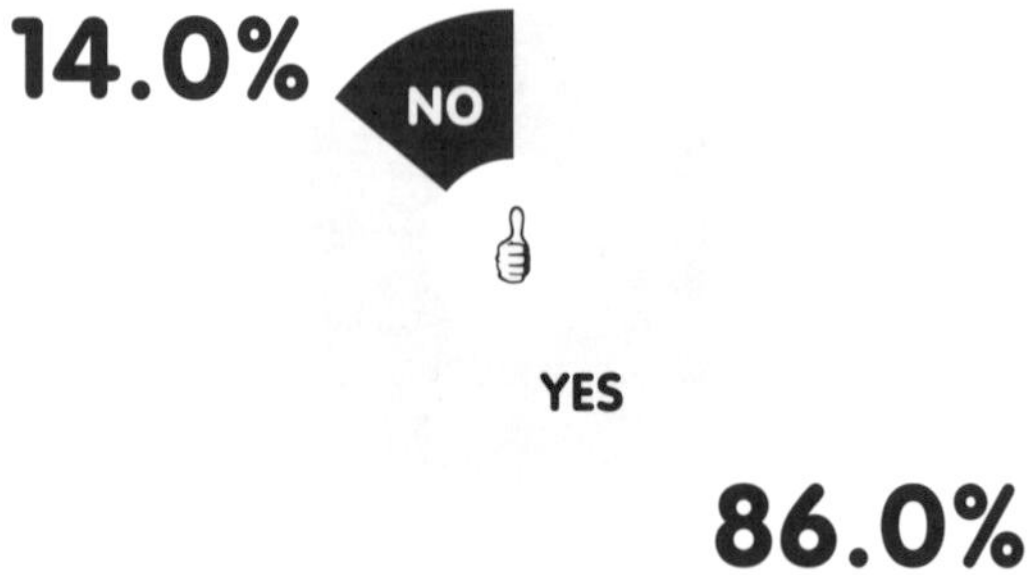

新社会人になって早くも数ヶ月。そろそろ仕事にも慣れてくる頃ですよね。

そんなときに、大好きなアーティストのライブ情報が耳に入りました。しかし、そのライブの日程は平日の16時から。仕事を終わってからでは間に合いません。

とはいえ、有給を申請するにしても、病気や冠婚葬祭ではなく趣味を理由に休むことは可能なのでしょうか？


「どうしてもライブに行きたいけど、趣味のために有給を取るのはダメかな」

「やっぱり有給をとるためには多少のウソをついたほうがいいのかな……」


アーティストのライブなどの趣味のための有給。正直に相談するのも気が引けます。やはり、ここは本当の理由を隠して、「親戚の葬式が……」などウソをつくのもいいこととは思えません。

この場合、どうすればいいのでしょうか？

YES

正直に話して思いっきり有給を楽しむべき

ものすごく忙しい時期に、遊び全開の有給はちょっとどうか？ と思うが、迷惑がかからないのであれば**遊びだろうが法事だろうが何も悪いことではない**
(40 歳以上／男性／学校・教育関連)

後ろめたくなるよりは正直に事情を伝えて休んだほうが**気持ちよく不安がなく楽しめる**
(40 歳以上／男性／その他)

会社の忘年会の日に好きなアーティストのライブがあり、**ダメ元で上司に相談してみたら**「たまにはいいんじゃないか？」と会社を早退してライブに行くことを許してくれた
(33 歳／女性／その他)

（社会人男女400人調べ）

× NO

相手を不快にさせるような理由は言わないほうがいい

個人的に大事な理由でも、他人もそう感じるとは限らない。相手が納得いくような理由を**でっちあげるのも、ときには必要**
(33歳/男性/その他)

上司から**「そんな理由で有給取るの?」**と思われるようなことは正直に言わないほうがいいこともある。ぐちぐち言われることもないし、円滑に物事が進む
(40歳以上/女性/アパレル・繊維)

あまりにも個人的な趣味などの内容だった場合、**言われた側の気分を害することになる**
(36歳/女性/医療・福士)

趣味関連で行くときには**嘘をついたほうがいいケース**もある
(37歳/男性/情報・IT)

★有給取得は会社員の権利！ まず早めに相談してみるのが吉

9割近くの先輩が「正直に話すべき」と答えてくれました。

下手に病気や冠婚葬祭など、事実と異なるウソをついてしまった場合、うっかり事実をバラしてしまったときが大変です。

また、ウソをついて休んでもどこか後ろめたい気分が残ってしまい、せっかくの休みを楽しめない可能性もありますよね。

有給消化については、会社でそれぞれ規則が決まっているものではありますが、「暗黙の了解」として休みを取らないでいる部署も多いです。**どうしても休みたい用事ができたなら、まずは早めに上司に確認・相談をしてみましょう。**

正直に理由を話せば、案外すんなりと有給を取ることができるかもしれませんよ。

YARUJAN EPISODE

やるじゃん。エピソード 25

有給は正直に取ろう！

ある日、15年間ファンを続けている大好きなバンドのライブが1ヶ月後に行われるという発表が！　絶対に行きたいけど、ライブ開催日は平日。でもこんな理由で有給の申請して大丈夫かなぁ……。

悩んだあげく、正直に伝えたところ快くOKしてもらい、おかげで開演前からばっちりスタンバイしてライブを満喫！


事前にしっかり申請さえすれば、理由は特に気にされなかったです。

もし言いにくければ、「私用のため」で押し通せば大丈夫ですよ。

嘘をつくと思わぬところでバレてしまうかもしれませんし、結果的にはあまり楽しめなくなってしまうことでしょう。

議題

26

30

上司と仕事の方向性が合わず、悩んでしまう……

Q. 上司と仕事の方向性が合わずに悩んだことはありますか?

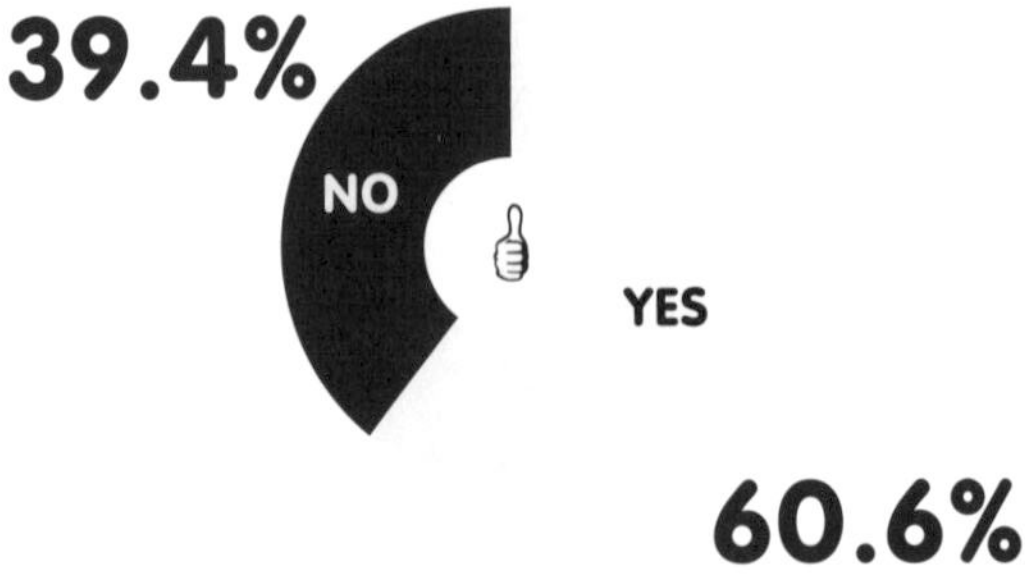

いろいろな仕事をこなしていくなかで、自分としては「もっとこうしたい、こうしたほうがいい」と思うことも出てきますよね。

意を決して上司に伝えてみるも、「そんなこと考えてないで、今やっていることをやるべきでしょ」と一蹴……。でも、後輩だからこそ新しい意見とかあるんだから、聞いてくれたっていいじゃんか……といじけてみたり。

こんなふうに**上司の仕事に対する考え方と、自分の仕事に対する考え方が一致しないこと**って、ありませんか？

そんなときはきっと、上司の意向に添うのが社会人としては正解なのかも？　でも、本当にそれで自分の納得のいく仕事ができる？　やっぱり、もうちょっと自分の意向も聞き入れてほしい……！

そこで今回は、「上司と仕事の方向性が違ってしまったとき、しっかり意見を戦わせるべきか」について、社会人の男女４００人に聞いてみました。

YES ○

自分の意見は持つべき！

「ご意見をいただけませんでしょうか」とか、**あくまでも低姿勢で相談してみるのがいいんじゃないかな**
（39歳／男性／団体・公益法人・官公庁）

自分の意見も言うし、上司の意見もじっくり聞いた上で、もう一度考えるべきだね。お互いにしっかり意見を聞きあうことで、違う考えになることもあるからさ
（26歳／女性／医薬品・化粧品）

自分なら切り口を変えてもう一度説明するね。それか、いったん上司の方向で検討し直すかなぁ。
（23歳以上／男性／団体・公益法人・官公庁）

自分の意見はしっかり伝えるけど、やっぱり最後は上司の判断。それが組織ってものだから。
（40歳以上／男性／その他）

（社会人男女400人調べ）

X NO

新人という立場も考えて退く！

そうなったら**酒を飲んで忘れるよ。**愚痴を聞いてくれる同僚がいるっていいよね
(40歳以上／男性／金融・証券)

上司と一緒に飲みに行ったりして、お互いの考え方を知る機会を持つといいかも
(40歳以上／女性／金融・証券)

先輩からそれとなく伝えてもらうとかどうかな？ ほかの人の意見も踏まえると妥協案が出る場合もあるからね
(40歳以上／女性／医療・福祉)

上司の立場になって一歩引くべきだね。組織の中では間違いなく上司の責任の範囲が広いから、新入社員という立場を理解するべきだと思うな
(40歳以上／男性／その他)

V

★アプローチの仕方は違って当然。まずは相手を知るところから

アンケートの結果、6割以上もの社会人の先輩が上司との方向性の違いに悩んだことがあるようでした。

自分の考えを持って仕事に取り組んでいる以上、上司・部下に限らず、一緒に仕事をする人同士で考え方の違いというのが生まれてきてしまうものです。

そうした事情に加えて、新入社員の間は上司がどんな仕事をしているのか、よく理解していないことがほとんど。

もしかしたらあなたの上司は同じ仕事に対しても、自分以上に経営的な視点で判断して、もっと大きな枠組みでアプローチしようとしているのかもしれません。**あなたも自分の主張もしっかりしつつ、先輩の考えを吸収していきましょう！**

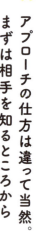

やるじゃん。エピソード

26

YARUJAN EPISODE

食い違いが成長を生む！

仕事には、ときに上司に逆らってでも自分の主張を押し通すべきことがあります。そしてついに、若手の僕にもそんなときが来たのです！

それは、僕の昇進祝いで上司から飲みに誘われたときのこと。食べたいものを聞かれたので答えたところ、上司と意見が食い違ってしまいました。

「そこは僕の昇進祝いなので、僕に決定権があるはずですよね？」

「払うの俺なんだからいいだろ！」

そんな議論をしているうちに、「昔ならこんなことすら、言えなかっただろうな」と、懐かしい気持ちになりました。

ほかにも**意見が食い違うこともたくさんありますが、それもまた成長。**

自分を成長させる「食い違い」ができるよう、がんばっています。

議題

27

30

職場で同僚がいじめに!?

Q. 職場で同僚がいじめにあっているのを見かけたことはありますか?

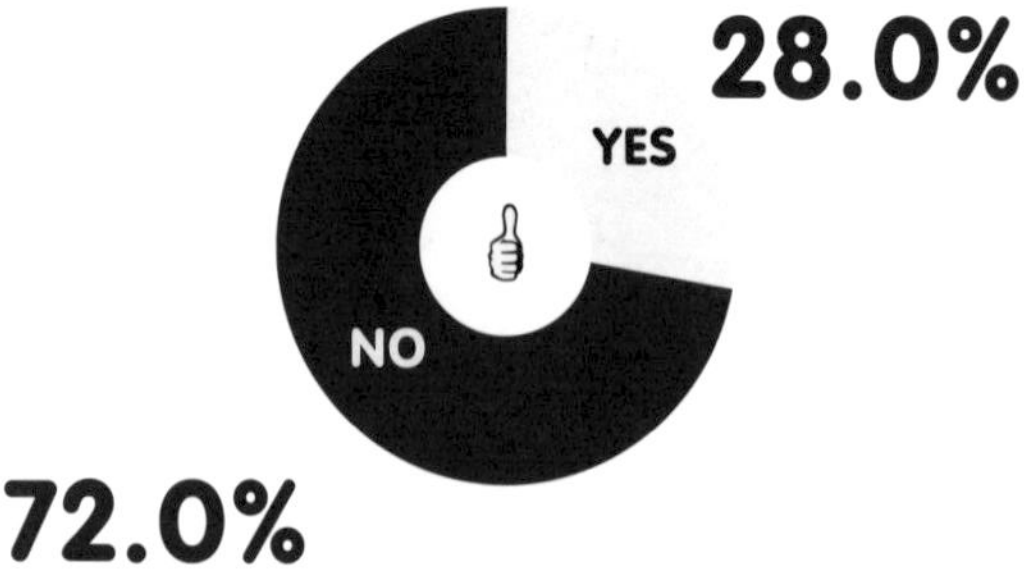

「お前さぁ、そんなこともできないの？
もう学生じゃないんだから、それくらい自覚を持ってくれよ？」

こんな言葉が毎日オフィスで聞こえてきたら、たとえ自分のことでなくても気まずい気持ちになってしまいますよね。

もし仮に、その言葉をあびせられている相手が同期だったとしたらどうしますか？　話を聞いてみると、実は表で怒鳴られているだけではなく、裏でもぐちぐち言われているとのこと……これってもしかして、いじめ!?

同僚を救いたいけど、上司と部下との関係だったら注意されるのは仕方がないのかも？　でも、さすがに内容がひどすぎるし、ただごとではない感じがする。

実際はどうするのが正解なのでしょうか？

YES ○

上司や相談部署に報告する！

上司に状況を報告するかな。職場の人間関係やトラブルなどは、上司が把握しておく必要があると思うよ
（40 歳以上／女性／医療・福祉）

コンプライアンス室に訴えるべきだよ。**第三者が入らないといじめはなくならないね**
（32 歳／女性／金融・証券）

人事部などに相談するなぁ。人事部はちゃんと秘密を守ってくれるみたいだし
（30 歳／女性／団体・公益法人・官公庁）

さらに上の上司に相談する。自分には力がないからね。**こちらに矛先が向くのは嫌だけど、同僚は救いたい**。さらに上の上司ならば改善されることがあるかも
（37 歳／女性／建設・土木）

（社会人男女400人調べ）

× NO

同僚の心のケアをする！

いじめにあわないように対処法を教えてあげるね。**いじめた人を憎んだりせず、折り合うことを考える**のがいいんじゃないかな？
(40歳以上／女性／金融・証券)

自分がその子を仲間はずれにしたり、孤独にさせないように気をつけるよ。いじめられても、仲間がたくさんいれば、攻撃されることも少なくなるだろうからね
(40歳／女性／電力・ガス・石油)

本人を励まして、話を聞いてあげる。本人の考えが一番大切でしょ
(40歳以上／女性／生保・損保)

本人をなぐさめるしかない。いじめをする人は上司が多いからなかなか言えないよね。
(40歳以上／男性／その他)

いじめを自分一人で解決しようとするのはＮＧ！

アンケートの結果、3割程度の社会人の先輩が、同僚が職場でいじめにあっているのを見かけたことがあると回答していました。

残念ながら、いじめはかなり珍しい事例というわけでもないようです。もしかしたら、いずれ自分の職場でも目にすることがあるかもしれませんよね。

会社では、上司と部下という絶対的な上下関係がありますので、そうした権力差が、いつしかいじめに発展してしまうことも少なくありません。

同僚の心のケアをしつつ、実際に問題を解決するのは**上司や先輩、またはいじめやパワーハラスメントなどを担当する専門部署などに任せましょう。**

下手にかき回してしまうと、被害が広がってしまう場合もありますよ！

やるじゃん。エピソード

YARUJAN EPISODE

27

いじめを感じたら、まずは相談して！

隣のチームで仕事している、物静かで控えめな雰囲気の子。

もともとチームから少し浮いてる気はしてたけど、最近ますます冷たくされてるみたい。みんな隠れてヒソヒソなんか話してるみたいだし……。

これって、もしかしていじめってやつ!?

どうしても気になったので、悩みに悩んだ挙げ句、思い切って一番仲のいい先輩に相談してみると、やはり先輩も気になっていたようでした。

ハラスメント防止を担当している部署に話すことで問題は解決に向かっているようです。あのとき、**逃げずにちゃんと信頼のおける先輩に相談が出来た**のは、本当に良かったと思っています。

議題

28

30

上司の不正を発見してしまった！

Q. 職場で上司・先輩の不正な行為を発見したことはありますか?

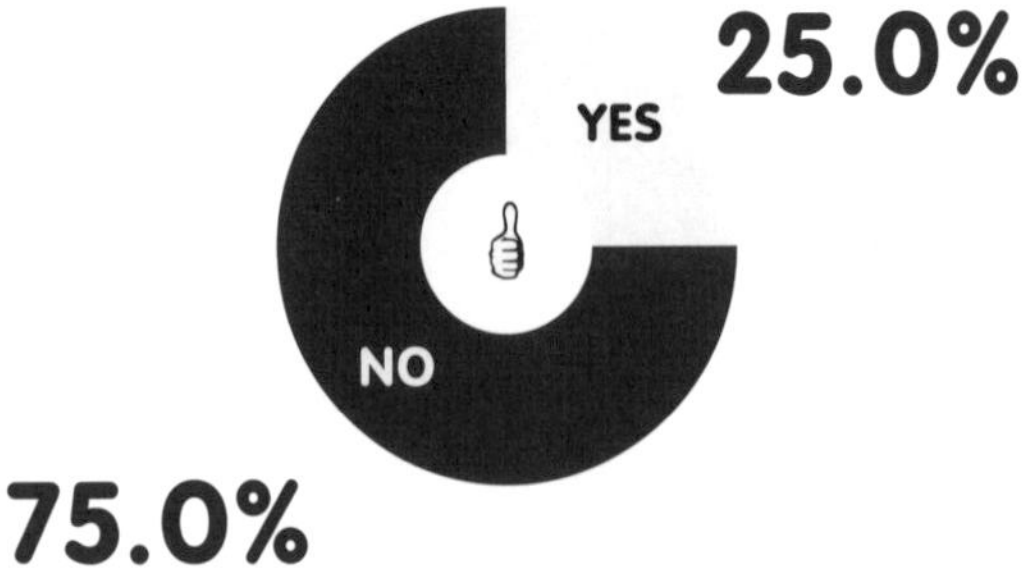

仕事中に図らずも上司・先輩の不正を発見したら、あなたはどうしますか？

たとえば、お酒好きな先輩が妙に太っ腹だと思ったら、どうやらプライベートの飲み会代を経費で落としていると知ってしまった場合。

「大丈夫、これぐらいバレないって！」

いやいや、そういう問題じゃないと思うんだけど。でも、個人的にもかわいがってくれる先輩との関係に波風は立てたくないなぁ。

あるいは、上司がタイムカードを操作して、ちゃっかり残業代を請求しているのを目撃してしまった場合。定時で退社していたはずなのに……これって残業代の不正受給ですよね。

「不正はダメ」なんて頭ではもちろんわかっていても、いざそれを告発できるかどうかは別問題。特に身近な上司・先輩が相手だと、不正を指摘したことで嫌われて、自分の評価が下がりそうなのも怖いですよね。

素知らぬふりをしてやりすごさず、告発すべきでしょうか？

YES ○

会社のためを思うなら、不正は勇気を持って告発するべき！

ほかの上司に報告するよ。自分だけ悩んでもどうすることもできないので、上司や先輩に相談して指示をあおぐのがいいと思う
（26歳／女性／その他）

信頼できるほかの上司や先輩に相談するのが一番。**見て見ぬふりをしたら、後から自分にも害が及ぶ可能性が……！**
（33歳／女性／医療・福祉）

内部告発の電話番号に即、電話したほうがいいよ！
（29歳／女性／その他）

会社の役員に告発する。たかが一人の不正でも、会社全体にかかわる問題になることもあるから
（27歳／男性／ホテル・旅行・アミューズメント）

S

（社会人男女400人調べ）

× NO

巻き込まれることを考えると告発はデメリットが大きい！

経営者に報告したことがあるけど、まったく意味なかったな。他人の不正で**自分のストレスになるのはバカバカしい**
(40歳以上／女性／医療・福祉)

不正をする人は注意しても反省しないと思うから、あまり相手にしないのが正解！
(23歳／男性／建設・土木)

そんな大きい会社じゃないならすぐバレる。放っておいてもバレるもんはバレるので特に対処しなくていいよ
(40歳以上／男性／その他)

見て見ぬふりをするのが一番。巻き込まれたら損だし、**誰かに相談したのがバレてもマイナスしかない**と思うよ
(34歳／男性／電機)

自分の口から本人に伝える必要はナシ！ 上司や会社に対応を任せちゃおう

「それ不正ですよ」とハッキリ自分の口から伝える必要はナシ。

まずは、信頼できる上司や先輩に相談する社会人が多いみたいです。実は相談した上司も不正に加担していた……！　なんてことでもない限り、きっと真摯にあなたの話を聞いてくれるでしょう。

自分が告発したということを内緒にしておきたいなら、会社にコンプライアンス担当の部署や内部告発を受けつける部署がないか確認してみましょう。担当部署に匿名で伝えれば、あなたが不正を告発したことは誰にも知られずにすみます。

自分には関係ないし……と見なかったことにして**スルーすることももちろんできるけど、モヤモヤした気分のまま働くのはつらい**もの。思い切って、信頼できる誰かに打ち明けてみれば、気持ちもスーッと楽になりますよ！

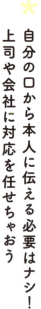

YARUJAN EPISODE

やるじゃん。エピソード 28

困ったときは、まず相談！

信頼していた上司の不正を発見したときは、とてもショックでした。

上司が離席をしているときに、つきっぱなしのPCにちらっと目をやったところ、確実に行ってない出張費の申請があったのです。

画面上で申請されている日付は、上司と会議をした日。

これはもしかして……不正請求!?

一人で悩んでいても仕方がないので、信頼できる先輩に相談することに。

その後、その先輩を経由して専門の部署が対応してくださったそうです。

結果的にどうなったのかなどは、部外者の私にはわかりませんが、**気になったことはしっかり伝え、然るべきところに対応してもらうこと**は大切なのだと学びました。

議題

29

30

寝坊した……
正直に言う？

Q. 仕事の日に寝坊したら
正直に言いますか？

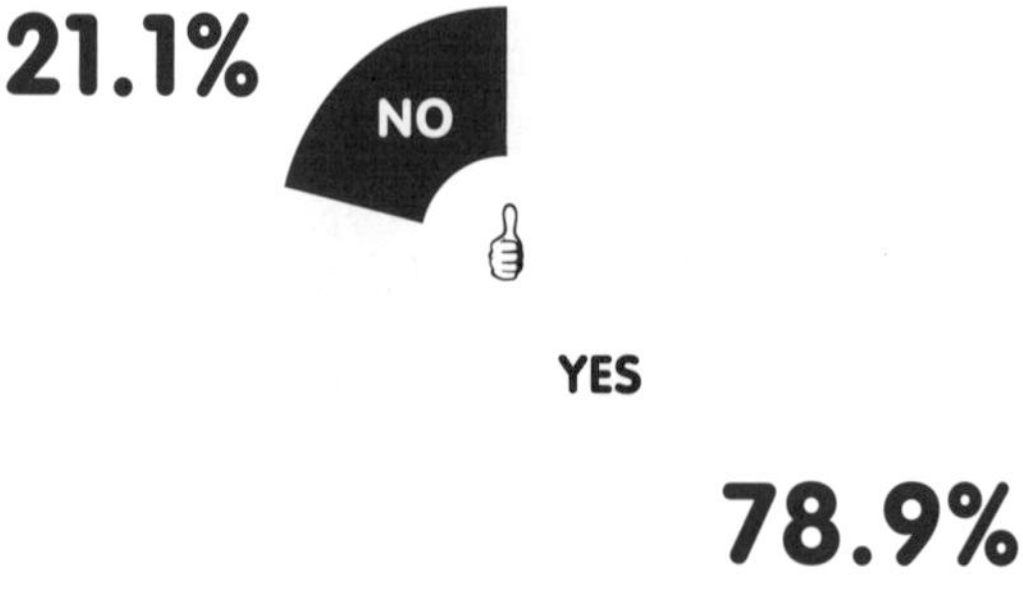

社会人になって一番こわいものといえば、みなさんは何を思い浮かべるでしょうか。

多くの人が……「寝坊」ではないでしょうか。

目覚ましを早めに設定し、スヌーズもたくさんかけて、準備万端のつもりだったのに、朝目が覚めたら始業時間を過ぎていた！

スマホには上司からの着信履歴がビッシリ……考えただけでぞっとしますよね。

遅刻して会社に着き、上司から理由を聞かれたら、あなたならどう答えますか？

「寝坊した」なんて言ったらこっぴどく怒られそうですが、かといって言い訳して嘘がバレたらもっと怒られてしまうかもしれません。

とはいえ、嘘をつかずに「こいつ寝坊したな」と思われるのも嫌！

そんなとき、一体どうしたらよいのでしょうか？

今回は、寝坊してしまったらごまかすかどうかを先輩社会人のみなさんに聞いてみました。

YES ○

やべっ！　怒られる……
言い訳してしまうのもアリ？

言い訳というか、病欠にする。**遅刻するぐらいなら行くな!!** というのが家の教育方針だった
(29歳／女性／その他)

正直に寝坊だと言ったときもあったけど、**いやな気分にさせてしまったので少しの嘘は必要だと思うようになった**
(40歳以上／女性／建設・土木)

嫁の具合が悪いから医者に連れて行っていたなど、**やむを得ない事情があったことを説明する**
(40歳以上／男性／その他)

寝坊したなんて言ったら**社会人としての自覚が足りないと思われそう**だから、言い訳しちゃうと思う
(30歳／女性／その他)

S

（社会人男女400人調べ）

× NO

言い訳は自分の首を絞める！正直に打ち明けるが吉

一度嘘をつくと、ずっと嘘をつき続けることになっちゃうから、最初から正直に言うべき！
（40歳以上／男性／ホテル・旅行・アミューズメント）

あとで嘘を言ったのがバレたらよけい信用してもらえなくなるから、怒られても正直が一番いい
（40歳以上／女性／電機）

悪いことをしたときは正直に言うのが一番！ **言い訳してバレたらよけいに面倒なことになるよ**
（31歳／女性／学校・教育関連）

へたな言い訳をする先輩の姿を間近に見て、**絶対にああなりたくないと思ったから**
（40歳以上／男性／金融・証券）

＊万が一、遅刻してしまったら……正直に伝えよう！

寝坊して遅刻なんて、できれば一度だってしたくないものです。しかし、それでも実際にやってしまったとき、その後の対処がとても大切になってきます。

寝坊なんて言えないから言い訳しちゃう、という意見もたしかに共感できますが、

「嘘をついたらかえって面倒なことになる」

「信用を失う」

という意見も納得です。

もしその嘘がバレてしまったら……と考えると、言い訳するのもかなりリスクが高いですよね。嘘がバレなければ信頼は損ないませんが、**いつバレるかわからない嘘をつき続けるのはあまり精神的にいいことではありません。**

ここは正直に伝えましょう。一回くらいならば許してくれるかもしれません。

やるじゃん。エピソード

29

YARUJAN EPISODE

寝坊は正直に伝えよう

寝坊したことがわかった瞬間は、とてつもない絶望感がありますよね。

①「準備を一瞬で済ませてダッシュで出ればギリ間に合う！」

②「どうせ間に合わないから、いい言い訳を考えよう」

③「もう素直に寝坊したと申告して、できるだけ早く出社しよう」

こんな感じの三択が、頭の中に出るんじゃないでしょうか？

僕は以前、あろうことか一番ダメな②を選択したことがあります。

「お腹が痛かった」と嘘をついたのですが、そんな僕の心配をしてくれた上司に申し訳なくなってしまい、結局正直に伝えることに。

笑って許してくれたから良かったですが、上司の優しさがつらい……。

もう二度とこんな嘘はつかないと心に決めたのでした。

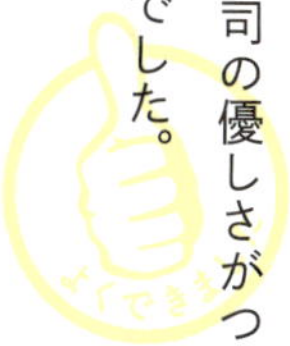

議題

30

30

同僚と喧嘩をしてしまった！

Q. 同僚と仕事で揉めたことはありますか？

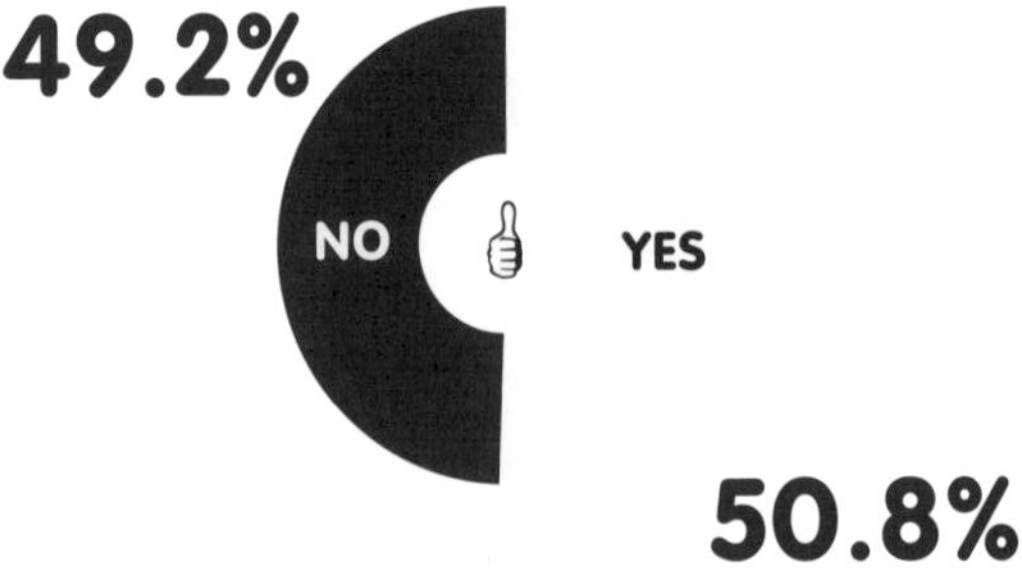

「言った言わない」論争は、どんな職場でも起こりやすいトラブル。

「あんなに何度も言ったのに！　こんな大事なこと、伝え忘れるはずがない！」

「いやいや、事前にちゃんと教えてもらってたら、こんなミスするわけないじゃん！」

こんなふうに**どっちも自分が正しい！　と信じて疑わないがゆえに、なかなか決着がつけられないトラブル**なんですよね。

たとえばメール履歴や資料・なんらかのメモなど、「言った」という証拠がちゃんと残っているならまだしも、たいていの場合は口頭による伝言。

言った側が「伝えたつもり」になっていただけなのか、それとも言われた側が慌ただしい毎日ですっかり忘れてしまっていたのか、当人たちの記憶の中にしか答えがないんですから、事件の真相は確実に迷宮入りです。


だからといって、自分が謝って終わりにするのもなんだか納得いかないし……。

こんな状況は、どうやって乗り切るのが賢いのでしょうか？

YES ○

当事者同士で話しても
混乱するだけ！第三者を呼ぶべし

ほかのスタッフに聞き取り調査する。いろんな人に話を聞いてみると、証拠が見つかる
(40歳以上／女性／その他)

上司に間に入ってもらい、一つ一つの作業に対して確認していくようにしてます。上司が間に入ることで冷静に話が進むんです
(34歳／男性／機械・精密機器)

二人にとって**中立の立場の人に間に入ってもらい、最初から丁寧に話を聞いてもらう**とスピード解決につながる
(40歳以上／男性／不動産)

当事者同士では感情論になりがちだから危険です。**第三者を交えて時系列に事実関係を整理してもらうのがいいと思います**
(32歳／女性／建築・土木)

(社会人男女400人調べ)

×　NO

「言った・言わない」なんて実はどうでもいいこと!

「言った、言わない」自体じゃなくて、そのことが原因で起こっている**問題へのベストな対処法を一緒に考えたほうがいいい**んじゃない?
(40歳以上/男性/医療・福祉)

第三者は結局事情がわからない人なので**本人同士で話し合うのが一番。**揉めてしまった相手と二人でとことん話し合って、解決策を考えるようにしています
(22歳/女性/小売店)

議論をやめて、問題の本質に話を切り替えるべきでしょう。いつまでたっても結論の出ない不毛の議論なんて意味ないし
(38歳/男性/不動産)

言った、言わないの話は置いておいて、**妥協点を探すかな**
(31歳/女性/学校・教育関連)

「言った、言わない」は本質じゃない！大事なのはベストな解決策を探すこと

いつまでたってもキリがない論争をストップするには、冷静な第三者の目が必要不可欠。上司や同僚の中に事情を知っている人がいるかもしれないし、第三者を交えて話を整理し直しているうちに「言った」「言わない」がハッキリする可能性もあります。

でも、そんなアドバイス以上に多かったのが、「そもそも『言った、言わない』で争うなんてムダ」という声。たしかに、当事者同士でぐずぐずと揉めているヒマがあったら、一刻も早く対処法を考えるべき、という意見はごもっともです。

思わずイラッとしてしまう気持ちはわかります。でも、**今本当にやるべきことは相手を言い負かすことじゃない**はず。冷静になって、解決策を見つけることに頭をシフトさせましょう！

YARUJAN EPISODE

やるじゃん。エピソード

30 自分の発言を思い出して！

同僚との企画会議後。部長に提案資料を提出するため、同僚に「資料は、明日の午前中までに」と伝えたところ、同僚も了解してくれました。

しかし翌朝、同僚に進捗を聞くと、まったく手をつけておらず……。

「なんで資料つくってないの？ 昨日頼んで引き受けたじゃんか！」

「いや、そんなこと言ってないから。自分こそなんでつくってないの？」

と、言った言わないの口げんかに。

あとで考えると、私は「午前中までに」としか言ってなかったのです。

自分は伝えたつもりでも相手と認識がズレていることがよくあるので、このような**口論のときはいま一度、自分の発言をよく思い出してみるべき**だと学びました。

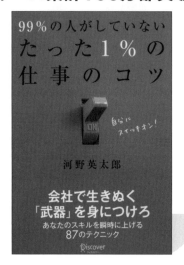